日本の養老院史

——「救護法」期の個別施設史を基盤に——

井村　圭壯

学 文 社

はじめに

　戦前期の養老院に関する研究は少ないといってよいであろう。小笠原祐次，山本啓太郎，池田敬正，その他の研究者の論文も存在するが，児童施設や障害者施設に関する研究に比較して少数であることは否定できない。その要因のひとつに施設数を挙げることができる。1933（昭和 8）年に「全国養老事業協会」が実施した「全国養老事業調査（第一回）」では，全国で 85 の施設が明らかとなっている[1]。同調査によると，「本調査当時未ダ養老事業ノ設置ヲ見ザリシハ奈良，福島，山形，青森，鳥取，山口，宮崎及沖縄ノ八県ナリ。」と記されている[2]。こうした施設数による量的要因が過去を繙く原史料の不足を生み出し，養老院史研究を遅らせてきた。なお，「養老院」という用語は，1932（昭和 7）年施行の「救護法」で「孤児院」と並列で使用され（第六条），また 1938（昭和 13）年施行の「社会事業法」で「救護所」と並列で使用されるなど（第一条），昭和期には一般化した用語であり，本書では「養老院」という用語で統一する。

　土井洋一は「児童福祉施設史研究の視点と方法—先行研究の分類・整理をもとに—」（1998 年）において，「結論を先に言うなら，筆者は社会福祉の各分野ごとに独自の方法論に依拠した独自の施設史研究が成り立つとは考えていない。」[3] と述べている。例えば「社会事業法」の適用事業も第一条において「一　養老院，救護所其ノ他生活扶助ヲ為ス事業　二　育児院，託児所其ノ他児童保護ヲ為ス事業　三　施療所，産院其ノ他施薬，救療又ハ助産保護ヲ為ス事業　四　授産場，宿泊所其ノ他経済保護ヲ為ス事業　五　其ノ他勅令ヲ以テ指定スル事業　六　前各号ニ掲グル事業ニ関スル指導，連絡又ハ助成ヲ為ス事業」と規定されている。現代のような「老人福祉法」（1963 年制定）とは異なり，包括的な国家的規制のもとに施設事業を扱っていた現実がある。一方で土井は

はじめに

「児童・母子・女性・障害・老人といった属人的分野や家族・地域といった包括的分野にしろ，(中略) それぞれが抱える対象の固有性があり規定要因に違いがあるはずだから，一般的な演繹法よりも個別を積み上げる経験的な帰納法に依拠すべき」[4]と指摘する。この点（帰納法）は，一例として，戦前期，全国的に施設数の少ない養老院においては，個別を積み上げるという点で一致する論点であるが，同時に各地方，地域において貴重な原史料を整理する上においても踏まえておかなければならない論点であろう。

2000（平成12）年10月発行の『社会事業史研究』において「高齢者福祉の歴史」が特集論文として掲載されたが，戦前期の論文は山本啓太郎の「内務省調査における『養老院』をめぐる2，3の問題」[5]のみであった。山本はこの論文の「むすびにかえて」の中で「しかし，個別の『養老院』の報告データについては分析できず非常に不十分なものとなった。全国養老事業協会や中央社会事業協会の資料，そして個々の『養老院』についての資料を収集し，老人福祉施設史の研究をすすめていきたい。」[6]と述べている。

「個別の『養老院』の報告データ」あるいは「個々の『養老院』についての資料」は，いずれにしても論理的展開によって結論を導くのではなく，つまり，先に土井の指摘した「演繹法」ではなく，個々の具体的な事実から，その積み重ねによって一般化できる事象を形成していかなければならないことを意図しよう。山本の言う「個々の『養老院』についての資料を収集し，老人福祉施設史の研究」[7]とは，先に記した土井の「児童・母子・女性・障害・老人といった属人的分野や家族・地域といった包括的分野にしろ，(中略) それぞれが抱える対象の固有性があり規定要因に違いがあるはずだから，一般的な演繹法よりも個別を積み上げる経験的な帰納法に依拠すべき」[8]という考えに一致する。つまり，科学化のための「帰納法」が不可欠であり，このように述べなければならない点に，戦前期養老院史研究における先行研究の遅れを露呈していることを意味することになろう。

本書は，戦前期の養老院の個別施設史を基盤に考察する。具体的には地域の

中で生活する実践者によって形成された養老院「別府養老院」(1925年創設),「佐世保養老院」(1924年創設),「福岡養老院」(1918年創設),「報恩積善会」(1912年創設),「神戸養老院」(1899年創設)を対象としている。なお,これらの施設をあえて選定することは,意図的抽出法として位置づけられるという観点で,無理のある選定対象と言われても否定できない。ただ,これらの施設は戦後も存続し,実践を展開している「社会福祉法人」であること,同時に,多くの原史料が保存されている点で貴重な施設(研究の対象)といえよう。これらの原史料を活用し,養老院史を分析する。

筆者は,厚生事業政策が強化されていく「救護法」(1929年制定)「社会事業法」(1938年制定)下の養老院に焦点をあてることに意味はあると考える。地域の中で篤志家の力によって創設され,財源上の困難を抱えつつ経営されていた養老院が「救護法」によって法制上「救護施設」へと変貌し,その後,「社会事業法」下において臨戦体制に組み込まれていく。この「救護法」「社会事業法」下の個別施設を,施設研究の分析視点,「① 施設観,② 経営(財源),③ 生活者,④ 処遇,⑤ 従事者,⑥ 地域社会」を統括して考察する。なお,これら6領域はひとつひとつが独立して存在するものではなく,有機的構造として絡まりあっている。例えば「① 施設観」は「⑤ 従事者」,特に,創設者の影響を受け,「⑥ 地域社会」の支援組織との関連が大きい。このことが「④ 処遇」にも影響を与え,「③ 生活者」の生活にも変化を及ぼす。また,「② 経営」,特に「財源」は「⑤ 従事者」の経営手法によって収支が変動し,財源を支える「⑥ 地域社会」の支援組織が「⑤ 従事者」と同一であるケースもみられる。同時に,「② 経営」における「財源」の悪化によって「⑥ 地域社会」への広報化のための年次報告書の作成の強化を左右し,直接的には「④ 処遇」に影響を与えることになる。このように研究視点の6領域は有機的構造を形成している。以下の「本章」において具体的に論述している。

よって本書は,有機的構造を意図し,施設の内実の分析が明らかとなるデータが6領域の中で多く残っている原史料の観点から研究方法の重要性を考察

し,「②経営,特に財源,③生活者,⑤従事者（支援組織を含む)」に関する原史料を中心に整理し,分析する。具体的には「救護法」「社会事業法」下の地域における個別施設史を実証する。

　この方法は個別施設という内在的研究であり,個々の具体的事実を積み上げて繰り返し考察する「帰納法」からの実態史による実証を意味するものである。この実態史による実証から施設の内実を分析し,個々の具体的事実を総合化し,共通性を探る「帰納法」による科学化を進めていくことが大切であると考える。つまり,地域における個別施設史の構築化の中から養老院の形成史を究明することを意識した研究であり,利用者（生活者）の側から,また実践者の側から,生活の場における生活実践を掘り起こす視点に,養老院史研究における分析上の価値が存在することを意図している。養老院という存在の実態に視点をあて,実践の展開によって生れてくる生活の場の矛盾,葛藤,問題性等を施設の内側からメスを入れることにより,養老院の内実を分析する。つまり内在的側面からの分析を意図した実態史研究を研究上の前提とする。

　実践の具体的な場である施設は,国の政策が構築する制度およびその内容を検証する場でもあり,制度と実践との関連が複雑化し,同時に実践者,生活者の側から検証すると,歴史的貫通的に国の政策に抵抗しつつも,迎合しなければならない意識が存在する。その迎合の典型が「厚生事業期」であることは否定できない。

　臨戦体制,戦渦の中での施設の実践は内在的に施設ごとに固有の実践を発揮するが,その独自性を明らかにする研究方法として,生活者の場の矛盾,葛藤,問題性に対して施設の内実を分析することが必要となる。それは必然的に原史料を通しての整理化であり,内在的側面からの実践をいかに原史料から読み取るか,そこに施設史研究としての史実への客観的かつ実証的分析（内実の分析）が問われてくることになる。筆者はこの内実の分析を「帰納法」として,個別施設史から考察することを研究の方法とする。

〈注〉

1) 『昭和十一年二月　全国養老事業調査（第一回）』全国養老事業協会，1936年，p.6
2) 同上書，p.6
3) 土井洋一「児童福祉施設史研究の視点と方法―先行研究の分類・整理をもとに―」『社会事業史研究』第26号，社会事業史学会，1998年，p.33
4) 同上書，p.33
5) 山本啓太郎「内務省調査における「養老院」をめぐる2，3の問題」『社会事業史研究』第28号，社会事業史学会，2000年
6) 同上書，p.44
7) 同上書，p.44
8) 土井，前掲書，p.33

2005年4月25日

井　村　圭　壯

目　次

第1章　佐世保養老院の財源 ―――――――――――――――――― 1

　第1節　はじめに　1

　第2節　創設期の財源　2

　　1．年次報告書　2／2．施設の支援組織　3

　第3節　救護法　7

　　1．救護費　7／2．救護施設　8／3．救護法による財源上の影響　8

　第4節　事業収入　10

　　1．書画展の実施　10／2．海軍からの寄付　11／3．海軍と託児所との関係　14

　第5節　社会事業法の実施　14

　第6節　おわりに　15

第2章　別府養老院と組織的支援母体 ――――――――――――― 21

　第1節　はじめに　21

　第2節　「救護法」下の養老院　22

　　1．救護施設　22／2．救護費　23

　第3節　組織的支援母体　26

　　1．敬老会の実施　26／2．養老婦人会　27

　第4節　「社会事業法」下の養老院　30

　第5節　高齢者の状況　33

　第6節　消毒所と地域化　36

　第7節　おわりに　38

第3章　「社会事業法」成立期からの別府養老院 ―――――――― 42

　第1節　はじめに　42

第 2 節　「社会事業法」下の「別府養老院」の財源　43

第 3 節　戦時体制下の実践　47

　1．全国の養老院　47／2．養老院の公衆衛生　48

第 4 節　おわりに　53

第 4 章　福岡養老院と支援組織ーーーーーーーーーーーーーーー56

第 1 節　はじめに　56

第 2 節　戦前の養老院の特徴　56

第 3 節　財団法人化と支援母体　58

第 4 節　福岡養老院の概要　61

第 5 節　星華婦人会　64

第 6 節　おわりに　67

第 5 章　「社会事業法」成立からの福岡養老院ーーーーーーーー71

第 1 節　はじめに　71

第 2 節　福岡養老院の創設　73

第 3 節　施設運営上の財源　76

第 4 節　支援組織　78

第 5 節　高齢者の状況　81

第 6 節　おわりに　84

第 6 章　昭和初期の報恩積善会ーーーーーーーーーーーーーーー88

第 1 節　はじめに　88

第 2 節　救護法施行前の養老院　89

　1．吉備舞楽による収入　89／2．運営方法の変化　91

第 3 節　救護法の成立と報恩積善会　95

　1．救護法の成立と状況　95／2．報恩積善会の委託交附金　97／3．年報の機能　99／4．感謝録と施設の地域化　101

第 4 節　戦時体制下における高齢者福祉施設　103

第 7 章 「社会事業法」期の報恩積善会 ————————————— 109

　第 1 節　はじめに　109

　第 2 節　戦時体制下の財源　110

　　1．中央組織との関係　110／2．寄附行為　116／3．社会事業法施行後の補助金　120

　第 3 節　従事者及び役員　121

　第 4 節　生活者の状況　123

第 8 章 「救護法」期の神戸養老院 —————————————— 131

　第 1 節　はじめに　131

　第 2 節　救護法の救護費と被救護率　132

　第 3 節　賛助金・寄附金　136

　　1．賛助金・寄附金の動向　136／2．県・市等への提出史料　139

　第 4 節　実践者について　141

　第 5 節　生活者の状況　142

　　1．都由乃町への移転　142／2．社会事業調査表（養老）　143／3．収容者調　145／4．女性入所者　146

　第 6 節　おわりに　148

第 9 章 「社会事業法」期の神戸養老院 ———————————— 152

　第 1 節　はじめに　152

　第 2 節　「社会事業法」期の施設の財源　153

　　1．「社会事業法」による国庫補助金　153／2．賛助会員・賛助金　156

　第 3 節　高齢者の実情　157

　　1．高齢者数　157／2．高齢者の健康状態　160

　第 4 節　実践者と戦時下の様相　162

　　1．実践者　162／2．戦時下の様相　164

　第 5 節　おわりに　166

原史料 ──────────────────────────── 170

 1．別府養老院原史料 170

 2．佐世保養老院原史料 171

 3．福岡養老院原史料 173

 4．報恩積善会原史料 173

 5．神戸養老院原史料 175

おわりに 177

第1章

佐世保養老院の財源

◆ 第1節　はじめに ◆

　戦前期に創設された養老院において、戦火をくぐりぬけ、現在まで施設が継続し、同時に当時の原史料が適切に保存されているという例は少ない。本章で取り上げる「佐世保養老院」(現在の養護老人ホーム：清風園：佐世保市大和町)には、各年度の収支決算や事業内容を整理化した年次報告書、施設の広報化のための小冊子、あるいは施設の財源を維持するために作られた当時の原史料が多数保存されている[1]。本章は「佐世保養老院」の原史料を中心に活用し、経済不況期であった昭和初頭の1929 (昭和4) 年4月2日に公布された「救護法」期に焦点を絞り、その時期の養老院がいかに経営を維持していくか、その財源について分析する。このことは、「救護法」によって「救護施設」という公的社会事業施設へと変化し、そのことによって施設の財源がいかに変動するか、同時に軍国化へと突き進む中での民間施設の経営手法を考察する上での有効な研究方法であると考える。

　「佐世保養老院」は浄土宗僧侶、川添諦信 (1900〜1984) によって、1924 (大正13) 年4月12日、佐世保市本島町「善光寺」境内に創設された養老院である。1925 (大正14) 年5月に福石免に移転、院舎1棟を新築し本格的な事業を展開した。この事業を創設期から支えたのが「佐世保仏教婦人救護会」であった。なお、養老院を運営していくことは、地域の支援組織の財源だけでは難しい点も多く、各施設は多様な側面からの事業収入を考案しなければならなかった。例えば、1912 (大正元) 年9月に創設された「報恩積善会」(岡山市) で

は「吉備舞楽」「慈善音楽会」を西日本各地を中心に興行することによって事業収入を得ていた[2]。本章は，地方庁の補助金，助成金が少額ながら交付された時代に創設された養老院の財源を分析することを主眼とするが，特に，今回は「佐世保養老院」に焦点を絞り，当時の養老院の財源の内実を整理することによって，戦時体制へと進む中での施設の経営手法を分析する。

◆ 第 2 節　創設期の財源 ◆

1．年次報告書

1927（昭和2）年2月25日発行の『佐世保養老院と其内容』という小冊子（30頁）がある。発行所は佐世保市本島町一八「佐世保仏教婦人救護会」であった。この小冊子の文章には項目が付けられ以下のようになっている。

「新聞記事に動かされて決心」「同情金を募りて貧民に興ふ」「前途に望みを抱いて上京」「婦人会を組織して養老院を創設す」「始めて収容した三人の高齢者」「申込者殖えて新築移転」「略ぼ設備整ひ同情集まる」「貧児と院外救済」「救済申込の手続」「平和の安息所感謝の生活」「一定の労務なし」「拭き掃除も慰安法の一つ」「老人達の得意の技術」「焼芋と慰安法」「老人達のお化粧と試食」「責任ある職員の世話ぶり」「収容者一人前の費用」「市補助と賛助会費」「市より魚類を寄附」「院舎増改築計画と助成の通達」「本院の苦心と努力」「宣伝と希望」。

こうした項目とその内容は施設の設立の経緯と同時に，養老事業への市民の理解，賛同といった施設の地域化，社会化あるいは広報化の意図のもとに作成されていた。上記の項目のひとつ「婦人会を組織して養老院を創設す」の中に「市内の，婦人有志方，二百余名の賛同を得て，佐世保仏教婦人救護会を組織した。(中略) 佐世保養老院と，命名し，佐世保仏教婦人救護会の，附属事業として，益々，内容の充実に努めました。」[3] と記載されている。つまり地域における支援組織の形成とともに養老院は設立された。施設に現存する最も古い1925（大正14）年度の年次報告書（『院報』）には「院則」が掲載されている

が,「院則第十条」に「本院の実況慈善家の氏名及寄贈金品等は本院発行の院報を以て公衆に報告す」[4]とある。このことは先の小冊子と同様に,年次報告書を発行することによって養老事業を展開する上での地盤を形成するという施設側の経営手法を意味する[5]。なお,大正期に創設された養老院において,年次報告書は上記の意味から欠くことのできない出版物であった。例えば九州地方では,「別府養老院」(大正14年創設)が『別府養老院年報』を[6],「福岡養老院」(大正11年創設)が『福岡養老院事報』を[7],「長崎養老院」(大正13年創設)が『長崎養老院概要』を[8],また「佐賀養老院」(大正6年創設)が『財団法人佐賀養老院』[9]を発行している。1925(大正14)年度の年次報告書の「院則」の「第六条」では「本院は賛助会員及慈善家より寄贈せられたる収入を以て維持資とす」と規定されているが,翌年の年次報告書には「佐世保養老院概要」が示され,「維持」として「市補助金,本山,宗務所,及教務所等の補助金,婦人会員及び賛助会員の会費,其他,一般篤志家の,寄附物等による。」[10]とあり,多様な収入財源を考案している。

2. 施設の支援組織

　表1—1には1926(昭和元)年度からの補助金を示しているが,1926(昭和元)年度には既に市からの「補助金」あるいは「宗務所補助金」「知恩院補助金」「教務所補助金」を受けている。1928(昭和3)年度には「慶福会助成金」1,019円20銭とある。これは「第一回拡張」として「宅地三百四十坪,礼拝堂一棟(五十四坪)事務所一棟(二十四坪二合五勺)収容所一棟(三十五坪)物置一棟(六坪)等を増改築」[11]するための助成金であった。

　このように1924(大正13)年4月に施設を創設し,翌1925(大正14)年5月には市内福石免六二五番地に院舎を一棟新築し移転,同年7月には長崎県知事より県内での寄付金活動の許可を受けている。こうした迅速な事業展開もひとつには支援組織である「佐世保仏教婦人救護会」の存在が大きかったといえよう。支援組織,支援母体の形成は養老院を立ち上げる上でのひとつの手法で

表1-1 補助金

	県補助金	市補助金	宗務所補助金	知恩院補助金	教務所補助金	岩崎家助成金	慶福会助成金	内務省助成金	御下賜金
昭和元年度		100円	30円	80円	30円				
昭和2年度		100	50		60				
昭和3年度	60	100	200		30		1019.20		
昭和4年度	100	100	100	50	30				
昭和5年度	120	100	100	50	30				
昭和6年度	120	100	100	50	60				
昭和7年度	120	100	300	100	60	500			
昭和8年度	120(75特別補助金)	100	300	50	50	500	327	有	100
昭和9年度	195	100	100	100	50	400	268	有	100
昭和10年度	1165	190(市町村)	100	100	100	300	1595	有	100
昭和11年度	110	525(市町村)	200	200	200	300		有	100
昭和12年度	110	170(市町村)	300	300	300	300	2000		100
昭和13年度	100	220(市町村)	150	150	150	200		770(厚生省補助金)	100
昭和14年度	135	205(市町村)	195	195	195	200		有	200
昭和15年度	130	240(市町村)	245	245	245	200		有	100

出所：各年次報告書より作成

あった。先に示した「別府養老院」には「養老婦人会」が，「福岡養老院」には「福岡仏心会」が，「長崎養老院」には「長崎大師会」が，「佐賀養老院」には「佐賀仏教婦人会」が組織されていた。なお，支援組織は施設によって幾分形態を異にしており，「福岡養老院」は福岡市内曹洞宗各寺院の住職等による「福岡仏心会」とともに檀家による「星華婦人会」が組織されていた。この「星華婦人会」は，施設への「慰問」や「養老院慈善托鉢　星華婦人会主催のもとに十月二十四日二十五日の二日間に亘りて誦経の声も厳かに，安国寺，明光寺をはじめ曹洞宗九ヶ寺の方丈雲衲方総動員の先達につれ随喜の御婦人方百数十人甲斐々しい足ごしらへで市内を廻られました。」[12]といった活動を行い施設を支援していった。これに対し「佐世保養老院」においては，年次報告書

に「経営　佐世保仏教婦人救護会の，附属事業」[13]として規定されているが，表1−2に示すように施設の財源の側面においては年ごとに縮小化している。なお，年次報告書には毎年「養老婦人会歳入歳出決算」を掲載した。「養老院寄附」は以下のようになる。1926（昭和元）年度「六〇」[14]円，1927（昭和2）年度「六〇」[15]円，1928（昭和3）年度「五〇」[16]円，1929（昭和4）年度「五〇」[17]円，1930（昭和5）年度「五〇」[18]円，1931（昭和6）年度「五〇」[19]円，1932（昭和7）年度「五〇」[20]円，1933（昭和8）年度「五〇」[21]円，1934（昭和9）年度「五〇」[22]円，1935（昭和10）年度「五〇」[23]円，1936（昭和11）年度「三〇」[24]円，1937（昭和12）年度「三〇」[25]円，1938（昭和13）年度「三〇」[26]円，1939（昭和14）年度「三〇」[27]円，1940（昭和15）年度「三〇」[28]円。

また，「佐世保養老院後援会」が組織され，1926（昭和元）年度の年次報告

表1−2　養老婦人会歳入決算

	会　　費	預金利子	繰　越　金	合　計
昭和元年度	120円50銭	93銭	1円57銭	123円
昭和2年度	108. 60	.76	8.00（寄付金）	117.36
昭和3年度	98. 10	1.39		99.49
昭和4年度	80. 20	.99	2.00（寄付金）	83.19
昭和5年度	67. 40	.97	2.00（寄付金）	70.37
昭和6年度	57. 50	.77	52.53	110.80
昭和7年度	52. 20	.74	60.80	113.74
昭和8年度	34. 50		57.74	92.24
昭和9年度	44. 40	2.57	42.24	89.21
昭和10年度	41. 30		17.21	58.51
昭和11年度	39. 00	.94	6.51	46.45
昭和12年度	38. 40	.19	14.45	53.04
昭和13年度	34. 80	.88	16.04	51.72
昭和14年度	30. 00		17.17	47.17
昭和15年度	30. 00	.46	15.17	45.63

出所：各年次報告書より作成

表1-3 歳入合計，賛助金等

	歳入合計	賛助会費	寄附会	合　計	補助金	委託救護費
昭和6年度	4281円20銭	737円00銭	2748円16銭	3485円16銭	430円	9円
昭和7年度	7563.73	702.80	2011.11	2713.91	1180.00	318.00
昭和8年度	8779.21	600.40	4108.81	4709.21	1522.00	662.45
昭和9年度	8318.78	591.30	3772.60	4363.90	1213.00	943.55
昭和10年度	15331.84	567.90	2733.86	3301.76	3500.00	942.16
昭和11年度	7952.93	513.80	3263.82	3777.62	1235.00	1110.15
昭和12年度	8173.94	503.40	2289.51	2792.91	2880.00	1063.25
昭和13年度	6782.51	529.50	3218.46	3747.96	770.00	902.55
昭和14年度	10803.56	450.25	7173.89	7624.14	635.00	993.90
昭和15年度	11466.05	437.00	3872.13	4309.13	715.00	2297.55

出所：各年次報告書より作成（注記：賛助会費，寄附金，補助金等で統一しているため，この表には雑収入，貸地金等は記載していない）

書には「会則の大要」[29]が掲載された。表1-3に示すように歳入合計においては「賛助会費」「寄附金」の占める割合が大きかった。「賛助会費」に関しては「賛助会員」として以下のような会員の位置づけを行っていた。つまり「一，名誉会員　毎月二円以上　五ヶ年間　一時金百円以上　一，有功会員　毎月一円以上　五ヶ年間　一時金五十円以上　一，特別会員　毎月五十銭以上　五ヶ年間　一時金三十円以上　一，普通会員　毎月二十銭以上　五ヶ年間　一時金十円以上」[30]と規定し，各年次報告書に金額とともに氏名，町名を隈なく記載した。

　創設者である川添諦信は地域住民の賛助や寄付がなければ施設は維持できないことを強く意識化しており，同時に金品の寄付だけでなく，施設が地域に根づく社会的側面も年次報告書に記載した。一例を挙げると次のようになる。

「裁縫高女の慰安会
　佐世保高等裁縫女学校では昭和十二年一月二十日開校記念祝賀会挙行に際し本院老人一同を招待し在校生徒の歌劇其他。保護者会員の余興等を以て慰安し在校生徒の作品其他を贈呈され職員生徒一同の斡旋で楽しき終日を過し老人一

同非常なる感謝と満足とに感激を深くした。

　尚当日保護者会長前田竹次郎氏は在院者一同に記念品を贈呈さる。謹で感謝の意を表す。」[31]

「護国院の敬老会

　海軍墓地入口尊皇山護国院にては昭和十一年五月大法会に際し敬老会を催し本院高齢者一同を招待し説教余興等の後老人一同を別室に招待して酒食を供し西田師自ら其間を斡旋し半日を楽しき法筵の中に送り記念品等を贈呈され感謝と満悦とに感激した。

　謹んで感謝の誠を表す。」[32]

　上記の文章は，養老院が地域に浸透し，地域の中の社会的公的施設であることを意識しており，「佐世保養老院」を創設期から支えた「佐世保仏教婦人救護会」の存在とともに地域化の視点が読み取れる[33]。

◆第3節　救護法◆

1．救護費

　表1－3において昭和6年度の「委託救護費」が9円と記されている。その後，「委託救護費」は昭和7年度318.00，昭和8年度662.45であるが，これは1929（昭和4）年3月23日に成立し，4月2日に公布された「救護法」による「救護費」を示している。なお，第56回帝国議会（衆議院）の附帯決議で「本法ハ昭和五年度ヨリ之ヲ実施スヘシ」とされたにもかかわらず，「救護法」が1932（昭和7）年1月1日から実施に移された経緯についてはよく知られている。「佐世保養老院」において，表1－3に示すように，昭和6年度「委託救護費」9円とあるのは，1931（昭和6）年度の「歳入出決算書」から抽出したものであり[34]，この決算書が1932（昭和7）年11月発行の年次報告書に記載されていたことを含めて推察すると，「救護法」実施後の公的費用と考えられる。

2. 救護施設

年次報告書の中に「1932　本院日誌抜萃」があり，その中に「三月九日　救護施設認可　長崎県知事より救護法による救護施設設置の件認可せらる。」[35] と記載されている。よって「佐世保養老院」は1932（昭和7）年度末，1933（昭和8）年の3月9日に「救護施設」として法律上認可されたことになる。1931（昭和6）年度の歳入出決算書が1932（昭和7）年11月25日発行の年次報告書に載っており[36]，1932（昭和7）年度の歳入出決算書が1933（昭和8）年9月20日発行の年次報告書に記載されていることから[37]，年度末での決算であると推察できる。ただし，1932（昭和7）年11月25日発行の年次報告書の「入院手続（内規）」には「一，本院は左記該当者を収容し救護す　一，救護法に依り救護を受くる年齢六十五歳以上の老衰者及不具廃疾にして市町村長の委託に依るもの」[38] と規定されている。このことから「佐世保養老院」は「救護施設」として認可される以前から「救護法」という規定で施設運営を掲げていたことになる。

3. 救護法による財源上の影響

上記の点は川添が，1932（昭和7）年7月18日に上京し，「第二回全国養老事業大会」に出席したことと関連があるとも考えられる。この大会の議事内容は「一，養老事業の改善整備に関する件　二，養老院内の処遇方法　三，救護法の実施に伴ひ養老事業に及す影響　四，養老事業年報に関する件」[39] であったが，議事の進行は「第三救護法の実施に伴ひ養老事業に及ぼす影響の方を前に議すること」[40] とされ，各施設からの報告があった。例えば以下のような報告があった。

「大阪養老院長岩田民次郎氏　救護法実施後一般人士の私設救護事業経営に対する同情が減じたと言ふことが出来ます。（中略）私共では現在総収容者百二十二名の中救護法で救護を受けている者は僅か三名に過ぎないのでありますが，余りにも経営困難に陥つた結果，その三名以外の収容者を一旦退院せしめ

第3節 救　護　法

更めて救護法に依る被救護者として収容する様な手続にして貰わねばなるまいかと思ふ程であります。」[41]

「広島養老院長本林勝之助氏　私共でも現在五十名の収容者中救護法に依る委託は僅か五名であります。（中略）寄附金は集らない，内務省からの奨励金は半減されるでは到底立ち行く筈がありません。政府，府県，市等ではこの点を御諒察の上奨励金を増して下さるか或は尠くとも収容者の三分の一位は委託として下さるか何とか方法を講じて貰ひたいと思ひます。」[42]

「救護法」による被救護者が少ない点，また寄附金あるいは奨励金，補助金の減少等が報告されている。「佐世保養老院」においては表1─1をみる限り，「県補助金」「市補助金」の減少はみられない。また，表1─3においてわかるように「賛助会費」の減少はみられるが，「救護法」による「委託救護費」は昭和7年度318.00，昭和8年度662.45，昭和9年度943.55と増加傾向にあった。小笠原祐次は当時の「救護法」の適用について「浴風園のようにもともと救護法適用外の老人を収容する養老院は別にしても，適用率が五〇パーセントから一〇〇パーセントまでに広がっており，昭和十年などは聖ヒルダ養老院の八パーセントから，佐世保養老院の一〇〇パーセントまで大きな差異があり，道府県によって適用に相当の幅のあったことも明らかである。」[43]と指摘している。事実「佐世保養老院」の場合，1934（昭和9）年3月の時点で「全法ニ関係セザルモノ」が皆無となっており[44]，この時点で全員が「救護法関係者」[45]であることが年次報告書に明記されている。このことは「八年度中の収容者異動」の表において「十月」に11名の退院があった点[46]，また1933（昭和8）年度の退院数は合計で12名であったことを考えあわせても，「十月」に11名というデータは意図的な「救護法」への対応を意味するものと考えられる。

表1─3における「委託救護費」の増加は，表1─4に示している「年齢および救護法区分」からも推察されるように，「昭和9年3月」「昭和10年3月」ともに「全法ニ関係ナキモノ」は0名となっている。川添は「佐世保養老院」が

表 1-4　年齢および救護法区分

	六〇歳未満			六〇歳以上			七〇歳以上			八〇歳以上			救護法関係者	仝法ニ関係ナキモノ
	男	女	計	男	女	計	男	女	計	男	女	計		
6年度末	1	0	1	3	0	3	3	1	4	1	2	3	9	2
7年度末	12	3	15	2	0	2	3	2	5	1	2	3	15	11
昭和9年3月	5	1	6	2	3	5	3	2	5	2	4	6	22	0
昭和10年3月	7	1	8	4	3	7	3	3	6	2	3	5	26	0
昭和11年3月	5	1	6	3	3	6	1	3	4	1	3	4	14	6
昭和12年3月	8	1	9	1	2	3	2	5	7	1	2	3	19	3
昭和13年3月現在	4	1	5	1	2	3	1	4	5	3	1	4	17	0
昭和14年3月末現在	2	2	4	3	4	7	1	3	4	0	1	1	15	1
昭和15年3月末現在	5	7	12	3	3	6	2	1	3	1	1	2	15	8
昭和16年3月現在	4	7	11	2	5	7	3	1	4	0	1	1	16	7

出所：各年次報告書より作成

　1933（昭和8）年3月9日に「救護施設」として認可される前年の1932（昭和7）年11月発行の年次報告書である『佐世保養老院々報』の表紙に「創立十周年記念事業　第二回院舎拡張　救護法の実施と共に要救護者次第にその数を増し院舎狭隘を告げるの際院舎を拡張して趣旨の徹底に努む」と記している。つまり，「佐世保養老院」において，「救護法」は公的施設としての社会的機能を果たす上で必要不可欠な法律であったと考えられる。ただし，その認可が「救護法」が実施された翌年になった点については不明である。因みに九州地方の養老院の認可日を調べてみると，「別府養老院」が1932（昭和7）年5月27日[47]，「小倉市西山寮」が1932（昭和7）年7月[48]，「佐賀養老院」が1932（昭和7）年5月[49]，「鹿児島養老院」が1933（昭和8）年3月[50] となっており，「救護法」が実施された年にすべての施設が認可されたわけではなかった。

◆ 第4節　事業収入 ◆

1. 書画展の実施

　表1－1に示す「補助金」において，昭和10年度は「県補助金」1,165円，

「慶福会助成金」1,595円と急激な増加が表れている。これは1935（昭和10）年3月30日に長崎県から第2回目の施設拡張工事の許可を受けて，事業収入の拡大を図ったことが要因といえる。また，表1−3において昭和10年度の「歳入合計」が15,331円84銭に増加している。この現象は昭和14年度，昭和15年度にも表れている。この点は川添が事業の拡大，財源確保のため高僧名士の書画の寄贈を受け，各地でその即売会を開催したことによる影響が大きい。1935（昭和10）年2月16日から18日まで福岡の「ハカタ玉屋」で「第一回書画会」「収入高」635円[51]，同年5月9日から13日まで「熊本千徳」で「第二回書画会」「収入高」218円[52]，1936（昭和11）年3月9日から11日まで「鹿児島山形屋」で「第三回書画会」「収入高」292円[53]，1936（昭和11）年10月8日から12月7日まで「台湾」で「第四回書画展」「収入高」1,535円[54]，1938（昭和13）年「二月三日　五日間本院第五回書画展佐世保玉屋に於て開催」[55]，1938（昭和13）年10月11日から11月6日まで「北海道」で「第六回書画展」「収入高」418円[56]，1939（昭和14）年1月13日「青島善導寺」で「第七回書画展」「収入高」465円[57]，1939（昭和14）年9月2日から12月14日まで「満州」で「第八回書画展」「金」6144円[58]，1940（昭和15）年9月16日から10月29日まで「朝鮮」で「第九回書画展」「金」1483円[59]，1940（昭和15）年11月19日から25日まで「第十回書画展」「金」250円[60]。このように海外まで足を運び事業収入に邁進した。

2．海軍からの寄付

佐世保は軍港とともに発展した地であった。1986（明治19）年5月，「佐世保鎮守府」の設置が公布され，1890（明治23）年4月26日には鎮守府の開庁式が行われた[61]。1902（明治35）年4月1日には市制を施行し，1904（明治37）年1905（明治38）年の日露戦争によって佐世保は大きく発展したといわれている[62]。日露戦争では，佐世保軍港は日本海軍の国内前線基地，中でも修理，補給基地として機能していた[63]。こうした軍港としての発展は佐世保と

いう地の多様な社会的資源と関連が形成されていくことになるが,「佐世保養老院」においても海軍との関連,交流がみられた。例えば次のような文章が昭和3年度の年次報告書に載せられた。

「金五拾円宛貧民と養老院とに

　世智辛くて人情紙より薄い世の中に,之れはまた涙ぐましい人情美である,第一遣外艦隊所属で漢口碇泊中の,軍艦利根機関科下士官兵は,御大典記念事業の意味に於て,一同代表者藤崎氏の名を以て,軍港新聞社に宛て伝達方を乞ふとて,佐世保市貧民救助基金並に佐世保養老院の養老費として,金五拾円づつ都合百円を送つて来たので新聞社では近来にない此の奇特行為に感激し,直ちに本院に寄せられました。」64)

　また,昭和3年度の年次報告書からは,毎年,以下のような海軍との交流記事が載せられている。

「佐世保海軍部内から

　　　集る真心の花

　陸に海に白熱的御同情を奉感謝只管斯業に熱中するのみ。

金五円也	井上駒橋艦長殿
金弐円六拾五銭也	軍艦駒橋士官室御中
金壱円弐拾銭也	軍艦駒橋准士官室御中
金壱円弐拾銭也	軍艦駒橋下士官室御中
金四拾銭也	軍艦陸奥　藤原武士外五名殿
金弐円弐拾八銭也	呂号六五潜水艦　川西政市殿
金弐拾円也	海兵団　無名水兵殿
拾弐円也	某艦　無名氏殿　（右は禁酒記念寄付）
金参円也	海軍機関特務中尉　菱田賢蔵殿
金五円也	海軍兵曹　無名氏殿
金五拾円也	軍艦利根機関科下士官兵一同」65)

　昭和3年度からは表1—5に示すように,佐世保海軍部内からの寄付が年次

第 4 節 事 業 収 入

表 1-5 佐世保海軍部内からの寄付

	海軍病院	海兵団	海軍工廠	港務部	軍需部	航空隊	防備隊
昭和 3 年度	50円	191円32銭	125円43銭	17円30銭	35円10銭		
昭和 4 年度			96.63				
昭和 5 年度	23.00		8.93				
昭和 6 年度	32.55 9.60	27.93	110.345				
昭和 7 年度	49.87	9.83	128.76				9.07
昭和 8 年度	40.21	22.98	109.44	0.60	5.42	23.19	4.51
昭和 9 年度	65.62	78.89	207.51		8.35	10.77	9.13
昭和 10 年度	55.54	36.07	148.25	1.21	6.01	9.43	
昭和 11 年度	54.66 9.30	34.60			6.69	8.96	1.56

出所：各年次報告書より作成

表 1-6 佐世保海軍工廠からの寄付

	総務部		造兵部		航空機部		造船部		造機部		会計部		医務部		工員養成所		合計	
	慈善袋数	金額	慈善袋数	金額	慈善袋数	金額	慈善袋数	金額	慈善袋数	金額	慈善袋数	金額	慈善袋数	金額	慈善袋数	金額	慈善袋数	金額
昭和 5 年度	71	6円45	324	25円54			189	24円35	290	26円40	110	10円20	12	2円25	1	2円00	997	97円19
昭和 6 年度																		110.345
昭和 7 年度																		128.76
昭和 8 年度	36	3.55	445	48.79			263	31.49	205	18.62	56	6.39	6	0.60				109.44
昭和 9 年度	27	2.75	753 外1	73.88 5.00	106	10.91	743 外4	74.99 7.85	278	25.51	68	6.62					1,980	207.51
昭和 10 年度	32	3.20	420	47.51	88	9.62	529	57.52	206	23.43	57	6.97					1,332	148.25
昭和 12 年 7月28日分	10	1.00	354	39.80	51	5.55	757	87.78	11	39.52	440	5.01	19	1.65			1,591	185.46
昭和 13 年 2月15日分	129	12.80	501	51.40	182	20.39	675	71.04	423	43.84	205	20.82					2,115	230.79
昭和 14 年 2月分	177	11.24	920	71.97	981	65.40	1,515	129.13	750	64.79	490	35.49			15	0.88	4,848	378.90
昭和 15 年 3月分	46	6.78	1,247	93.35	1,528	76.51	2,306	144.95	812	60.34	451	37.83	33	2.07			6,423	421.83
昭和 16 年 1月10日拝受	416	25.61	2,084	131.04	3,058	157.36	2,124	128.17	1,643	94.89	689	44.59	34	0.97	72	5.59	10,120	588.22
昭和 16 年 3月18日拝受			281	17.28			173	12.30									454	29.58

出所：各年次報告書より作成

報告書に記載されるようになった。また、表1—6に示しているが、昭和5年度からは「佐世保海軍工廠」からの寄付が年次報告書に記入されている。工廠からの寄付には「慈善袋数」とともに金額が記入してあり、最後の年次報告書の昭和16年は1万を越える「慈善袋」が「佐世保養老院」に寄付されている。

3. 海軍と託児所との関係

川添は1928（昭和3）年4月20日に託児所「海光園」を「佐世保養老院」と同じ敷地内に創設したが、この点も海軍との関連に起因していると考えられる。保護者の職業が「昭和六年十二月調」以降、年次報告書に記載されているが、海軍関係が最低で48.8％、最高で83.0％に達している。海軍関係の保護者の人数と保護者全体からの比率を抽出してみると以下のようになる。「昭和六年十二月調」「海軍々人」26名「海軍職工」52名（保護者全体の60.0％）[66]、「昭和八年三月調」「海軍々人」26名「海軍職工」41名（49.6％）[67]、「昭和九年四月調」「海軍々人」37名「海軍工廠」65名（56.0％）[68]、「昭和十年五月現在」「海軍々人」27名「海軍職工」56名（48.8％）[69]、「昭和十一年六月現在」「海軍々人」61名「海軍職工」83名（77.0％）[70]、「昭和十二年四月現在」「海軍々人」84名「海軍職工」47名（63.0％）[71]、「昭和十三年四月現在」「海軍々人」72名「海軍工員」59名（65.5％）[72]、「昭和十四年四月現在」「海軍々人」71名「海軍工員」85名（比率不明）[73]、「昭和十五年四月現在」「海軍々人」61名「海軍工員」76名（比率不明）[74]、「昭和十六年四月現在」「海軍々人」55名「海軍工廠工員」111名（83.0％）[75]。このように託児所「海光園」には海軍関係の保護者が多く、軍港としての佐世保と養老院、託児所とには深い関連があった。先に述べた事業収入である書画展においても海軍大将等からの多数の寄贈が施設内に保存されている原史料（揮毫名簿）に記されている[76]。

◆ 第5節　社会事業法の実施 ◆

1938（昭和13）年4月1日には「社会事業法」が公布され、7月1日から実

施された。「社会事業法」施行後は第11条の規定により補助金を交付することになったが，「国庫補助金の増額が行われた一方で，地方費補助金は補助対象団体数及び金額ともに大きく減少した」[77]との指摘がある。「厚生省生活局保護課調」をみても，1936（昭和11）年度の「道府県」の補助金は対象団体数3,718，金額776,682円であったが，1938（昭和13）年度には対象団体数756，金額419,300円へと減少している[78]。

「佐世保養老院」の場合，「県補助金」は，表1−1に示したように，昭和10年度は施設の第2回目の拡張工事のための補助金として増額されているが，もともと100円代と少額であったこともあり，「社会事業法」による影響はみられなかった。また，「市補助金」も昭和10年度頃から増加傾向を示している。ただし，表1−2に示した「養老婦人会」の「会費」，あるいは表1−3に示した「賛助会費」は年ごとに減少していった。

1931（昭和6）年9月18日の満州事変，1932（昭和7）年1月28日，上海事変，同年3月1日には満州国建国宣言があった。こうした臨戦体制のもとで国民の生活は困窮化し，養老院の支援組織とその活動は続けられていくが，弱少化していったことも事実であった。よって先に述べた1935（昭和10）年から10回にも及ぶ「書画展」は，こうした軍国化の流れの中でいかに施設を財源上維持していくかという施設の苦悩的実践であった。表1−3に昭和14年度の「寄付金」が7,173円89銭と増加しているが，これは1939（昭和14）年9月21日から12月14日までの「満州」での「第八回書画展」による収入6,144円に起因するものであった。

◆ 第6節　おわりに ◆

「救護法」の実施によって民間の養老院は道府県に認可の事務手続きを行い，地域における公的施設としての社会的位置づけを求めていった。本文では九州地方の施設の認可日の一例を示したが，他の地方を調べてみると，「札幌養老院」1934（昭和9）年6月21日[79]，「函館慈恵院」1932（昭和7）年10月24

日[80]、「聖園養老院」(秋田県) 1932 (昭和7) 年6月13日[81]、「秋田聖徳会養老院」1933 (昭和8) 年5月3日[82]、「佐渡養老院」1934 (昭和9) 年7月1日[83]、「小野慈善院」(石川県) 1932 (昭和7) 年6月22日[84]、「東京養老院」1932 (昭和7) 年3月[85]、「大勧進養育院」(長野県) 1932 (昭和7) 年5月12日[86]、「滋賀養老院」1933 (昭和8) 年2月[87]、「京都養老院」1932 (昭和7) 年3月12日[88]、「大阪養老院」1932 (昭和7) 年7月1日[89]などといった記録が残っている。「札幌養老院」のように1934 (昭和9) 年に認可を受けている施設もあるが、こうした公的「救護施設」への変化は民間の養老院にとっては地域における公的、社会的位置づけへの期待と同時に本文で述べたように経営上の混乱を引き起こした。昭和初期には1932 (昭和7) 年1月31日に創設された「全国養老事業協会」によって、雑誌『養老事業』の発行、「全国養老事業調査」など、養老事業の近代化もみられたが、同年7月20日に内務省社会局大会議室で開催された「第二回全国養老事業大会」においても、議事の大半は「救護法の実施に伴ひ養老事業に及ぼす影響」に割かれたのであった。「佐世保養老院」においては助成金、補助金等の施設の財源上への影響はみられなかった。また、表1—5、表1—6に示したように、「佐世保海軍部内」「佐世保海軍工廠」からの寄付のような地域との交流もみられたが、表1—2に示したように地域の中から形成された支援組織であった「養老婦人会」の「会費」、あるいは表1—3における「賛助会費」は1932 (昭和7) 年度あたりから減少していった。こうした現象は1938 (昭和13) 年に「社会事業法」が実施され、臨戦体制へと突き進む中での国民の生活の困窮と同時に、国家統制による変化を示唆していることは否定できない歴史的事象であろう。

〈注〉

1) なお、「佐世保養老院」の年次報告書および小冊子は、復刻版として、『老人問題研究基本文献集』第28巻、大空社、1992年に掲載されている。
2) 拙稿「高齢者福祉発達史の一断面 (Ⅲ)—大正期の報恩積善会の成立と展開を中

第 6 節 お わ り に　*17*

　　　心に一」『岡山県立大学短期大学部研究紀要』第 5 巻，1998 年，pp. 22〜36
 3)　『佐世保養老院と其内容』佐世保仏教婦人救護会，昭和二年二月二十五日，pp. 6〜7
 4)　『大正十四年度　院報　佐世保養老院』大正十五年四月十五日，p. 2
 5)　「佐世保養老院」の年次報告書は大正十四年度から昭和十五年度までのものが施設に保存されている。なお，部数に関しては「昭和十年度本院事業報告書本日弐千部出版した。」(『救護施設　佐世保養老院々報』昭和十二年七月五日，p. 22) という記載があった。
 6)　大正 14 年度から昭和 16 年度のものが現存する。
 7)　昭和 11 年度から昭和 22 年度のものが現存する。
 8)　昭和 3 年度，昭和 4 年度のものが現存する。
 9)　大正 13 年度のものが現存する。
10)　『昭和元年度　佐世保養老院院報』昭和二年十月十日，p. 2
11)　『佐世保養老院々報 (昭和七年十一月発行)』昭和七年十一月二十五日，p. 3
12)　『昭和十一年度　財団法人　福岡養老院事報』昭和十二年六月二十日，pp. 44〜45
13)　『昭和元年度　佐世保養老院院報』昭和二年十月十日，p. 2
14)　同上書，p. 29
15)　『昭和二年度　佐世保養老院院報』昭和三年十二月三十日，p. 27
16)　『昭和三年度　佐世保養老院院報』昭和四年十月，p. 24
17)　『昭和四年度　佐世保養老院院報』昭和五年十一月，p. 19
18)　『佐世保養老院々報　昭和六年十一月発行』昭和六年十一月二十日，p. 21
19)　『佐世保養老院々報　昭和七年十一月発行』昭和七年十一月二十五日，p. 18
20)　『佐世保養老院々報　昭和八年九月発行』昭和八年九月二十日，p. 20
21)　『佐世保養老院々報　昭和九年九月発行』昭和九年九月二十五日，p. 22
22)　『佐世保養老院々報　昭和十年九月発行』昭和十年九月十日，p. 20
23)　『救護施設　佐世保養老院々報　昭和十一年八月発行』昭和十一年八月二十五日，p. 24
24)　『救護施設　佐世保養老院々報　昭和十二年七月発行』昭和十二年七月五日，p. 22
25)　『救護施設　佐世保養老院々報　昭和十三年七月発行』昭和十三年七月二十五日，p. 20
26)　『救護施設　佐世保養老院々報　昭和十四年八月発行』昭和十四年八月十日，p. 20
27)　『救護施設　佐世保養老院々報　昭和十五年八月発行』昭和十五年八月十五日，p. 19
28)　『救護施設　佐世保養老院々報　昭和十六年八月発行』昭和十六年八月十五日，

p. 17
29)『昭和元年度　佐世保養老院院報』昭和二年十月十日，p. 30
30) 同上書，p. 7
31)『救護施設　佐世保養老院々報　昭和十二年七月発行』昭和十二年七月五日，p. 21
32) 同上書，p. 21
33) 拙稿「高齢者福祉施設清風園の歴史的考察」『草の根福祉』第31号，2000年，pp. 109～110
34)『佐世保養老院々報　昭和七年十一月発行』昭和七年十一月二十五日，p. 5
35)『佐世保養老院々報　昭和八年九月発行』昭和八年九月二十日，p. 19
36)『佐世保養老院々報　昭和七年十一月発行』昭和七年十一月二十五日，p. 5
37)『佐世保養老院々報　昭和八年九月発行』昭和八年九月二十日，pp. 5～6
38)『佐世保養老院々報　昭和七年十一月発行』昭和七年十一月二十五日，p. 2
39)『昭和七年七月　第二回全国養老事業大会報告書』全国養老事業協会，昭和七年七月，p. 2
40) 同上書，pp. 23～24
41) 同上書，p. 24
42) 同上書，pp. 24～25
43) 小笠原祐次「公的救済の開始と施設の増設」『全国老人福祉施設協議会五十年史』全国社会福祉協議会，1984年，p. 85
44)『救護施設　佐世保養老院々報　昭和九年九月発行』昭和九年九月二十五日，p. 5
45) 同上書，p. 5
46) 同上書，p. 5
47)『昭和七年度　別府養老院年報』昭和八年三月末日，p. 3
48)『昭和十三年十月　全国養老事業調査（第二回）』全国養老事業協会，昭和十三年十二月二十五日，p. 93
49) 同上書，p. 96
50) 同上書，p. 100
51)『救護施設　佐世保養老院々報　昭和十年九月発行』昭和十年九月十日，p. 15
52) 同上書，p. 16
53)『救護施設　佐世保養老院々報　昭和十一年八月発行』昭和十一年八月二十五日，p. 14
54)『救護施設　佐世保養老院々報　昭和十二年七月発行』昭和十二年七月五日，p. 14
55)『救護施設　佐世保養老院々報　昭和十三年七月発行』昭和十三年七月二十五日，p. 19

第6節 おわりに　19

56) 『救護施設　佐世保養老院々報　昭和十四年八月発行』昭和十四年八月十日, p. 9
57) 同上書, p. 10
58) 『救護施設　佐世保養老院々報　昭和十五年八月発行』昭和十五年八月十五日, p. 9
59) 『救護施設　佐世保養老院々報　昭和十六年八月発行』昭和十六年八月十五日, p. 9
60) 同上書, pp. 9～10
61) 佐世保市史編さん委員会『佐世保市政七十年史上巻』佐世保市, 1975年, pp. 78～79
62) 同上書, p. 82
63) 同上書, p. 82
64) 『昭和三年度　佐世保養老院院報』昭和四年十月, p. 14
65) 同上書, p. 14
66) 『佐世保養老院々報　昭和七年十一月発行』昭和七年十一月二十五日, p. 23
67) 『佐世保養老院々報　昭和八年九月発行』昭和八年九月二十日, p. 24
68) 『海光園事業報告書　昭和九年九月発行』昭和九年九月二十五日, p. 6
69) 『海光園事業報告書　昭和十年九月発行』昭和十年九月十日, p. 6
70) 『海光園事業報告書　昭和十一年八月発行』昭和十一年八月二十五日, p. 6
71) 『海光園事業報告書　昭和十二年七月発行』昭和十二年七月五日, p. 6
72) 『海光園事業報告書　昭和十三年七月発行』昭和十三年七月二十五日, p. 6
73) 『海光園事業報告書　昭和十四年八月発行』昭和十四年八月十日, p. 7
74) 『海光園事業報告書　昭和十五年八月発行』昭和十五年八月十五日, p. 6
75) 『海光園事業報告書　昭和十六年八月発行』昭和十六年八月十五日, p. 6
76) 『創立十周年記念書画揮毫芳名録（第一回）佐世保養老院』昭和八年八月三十一日現在『第二回書画領布会抽籤名簿　佐世保養老院』
77) 厚生省五十年史編集委員会編集『厚生省五十年史（記述篇）』財団法人厚生問題研究会 1988年, p. 473
78) 同上書, p. 474
79) 『昭和十年九月　事業概要』札幌養老院, 昭和十年九月十日, p. 4
80) 『事業要覧　函館慈恵院』社団法人函館慈恵院, 昭和十五年九月二十二日, p. 6
81) 前掲書,『全国養老事業調査（第二回)』p. 78
82) 『社会福祉法人秋田聖徳会要覧』
83) 前掲書,『全国養老事業調査（第二回)』p. 61
84) 『概要　陽風園』社会福祉法人陽風園, 1968年, p. 89
85) 前掲書,『全国養老事業調査（第二回)』p. 48
86) 『創立満五十周年記念　大勧進養育院概要』大勧進養育院, 昭和八年五月, p. 40

87)『経営事業要覧』大津市社会事業助成会，昭和十年十一月十日，p.1
88) 前掲書,『全国養老事業調査（第二回）』p.51
89)『道ひとすじ　大阪老人ホーム二代の足跡』社会福祉法人聖徳会，1982年，p.24

第 2 章

別府養老院と組織的支援母体

◆ 第 1 節　はじめに ◆

　1929（昭和4）年3月23日に成立し，同年4月2日に公布された「救護法」が，1930（昭和5）年度から実施するとの附帯決議にもかかわらず，1932（昭和7）年1月1日から実施に移された経緯についてはよく知られている[1]。1932（昭和7）年から実施が可能となった背景には，全国各地の方面委員の運動があったことを無視することはできない。1929（昭和4）年11月14日から「中央社会事業協会」の主催による「第二回全国方面委員大会」が開催されたが，「救護法」に関して1930（昭和5）年度当初より実施することを要望するとの決議がなされ，「救護法」実施の促進運動を継続するための「継続委員会」が形成された。1930（昭和5）年2月には「救護法実施期成同盟会」が結成され，また同年10月には「救護法実施促進全国大会」を開催し精力的な社会運動を展開した。1931（昭和6）年3月5日，救護法実施予算案が衆議院に提出され，3月26日には貴族院を通過，「救護法」は1932（昭和7）年1月1日から実施されることとなった。

　本章はこの「救護法」によって養老院が法的に「救護施設」と位置づけられ，戦時体制下へと移行する中で，社会事業を国の軍事政策に協力させる目的をもつ指導監督的法制となる「社会事業法」の施行期までの養老院について，ミクロの視点から分析する。本章では「別府養老院」（現在の別府高齢者総合ケアセンターはるかぜ）の原史料を基盤に，昭和初期から戦時体制の深まりの中で公的施設に法定化された養老院に関して，当時の実践者の実態と「救護法」

「社会事業法」下の時代的社会的背景の中で養老院がどのように変化していくか，その現実を政策主体，実践主体，生活者の構造的枠組みを踏まえて考察する。

「別府養老院」は年次報告書である『別府養老院年報』を大正14年度から昭和16年度まで発刊している。また，現在の「別府高齢者総合ケアセンターはるかぜ」に多数の原史料が保存されているため，それらを活用しつつ分析していく。なお，戦前の養老院は施設数が少なかった点[2]，戦火の中で焼失してしまった点等の要因で原史料が乏しいことは否定できない。九州地方に限定して整理すると，「佐賀養老院」「鹿児島養老院」「別府養老院」「佐世保養老院」「長崎養老院」「福岡養老院」等で年次報告書や月報が発刊されていたが，年次報告書として現存しているのは「別府養老院」「佐世保養老院」「福岡養老院」のみである[3]。ただし，事業概要や手書きの内部史料は各地の施設や公私立の資料室に保存されており，今回は「別府養老院」の原史料を体系化できたのでそれを基盤に分析する。

◆ 第2節　「救護法」下の養老院 ◆

1. 救護施設

「別府養老院」は大分県宇佐郡長峰村（現在の宇佐市）の曹洞宗光明寺住職矢野嶺雄（1894〜1981）によって，1925（大正14）年2月23日に創設された施設である。当初は別府市海門寺の一室を借りていたが，その後市内北町に移転，1926（大正15）年11月には福永町に施設を新築移転し本格的事業を開始した[4]。

「別府養老院」が創設され事業を開始した大正末期は，救貧救護対策として「恤救規則」に代る新たな救済的対応策が要請された時代であった。1918（大正7）年の米騒動，1920（大正9）年に起こった戦後恐慌，また1923（大正12）年には関東大震災により生活困窮者が大量に発生した。政府は1926（大正15）年6月，閣議決定により内務省社会局内に「社会事業調査会」を設置，同年7

月には内務省は「社会事業調査会」に救済制度，社会事業の体系に関する諮問を行った。この諮問に対して同調査会は「特別委員会」を設け審議を重ね，統一的救貧制度確立の必要性を認め，1927（昭和2）年6月「一般救護に関する体系」を答申した[5]。結果的には政府は「救護法案」をまとめ，1929（昭和4）年3月第56回議会に提出，法案は衆議院において「本法ハ昭和五年度ヨリ之ヲ実施スベシ」との附帯決議のもとに，1929（昭和4）年3月23日に成立，4月2日に公布となった[6]。「救護法」第6条では「本法ニ於テ救護施設ト称スルハ養老院，孤児院，病院其ノ他ノ本法ニ依ル救護ヲ目的トスル施設ヲ謂フ」と規定し，第7条において「私人救護施設ヲ設置セントスルトキハ地方長官ノ認可ヲ受クベシ」とされた。この規定により「別府養老院」は，1932（昭和7）年5月27日に「救護施設」としての認可を受けている[7]。因みに，「京都養老院」は1932（昭和7）年3月12日に，「大勧進養育院」は同年5月12日に，「広済舎」は6月22日，「小野慈善院」は6月22日に認可されている[8]。また，「函館慈恵院」は10月24日[9]，「滋賀養老院」になると翌昭和8年2月[10]，「札幌養老院」は昭和9年6月21日に認可されている[11]。このことからすべての既存の養老院が昭和7年度に認可されているわけではない。九州地方を例にすると，「佐世保養老院」が1933（昭和8）年3月9日に[12]，「小倉西山寮」が1932（昭和7）年7月に[13]，「佐賀養老院」が1932（昭和7）年5月[14]，「鹿児島養老院」が1933（昭和8）年3月に認可されている[15]。

2. 救護費

表2—1には「別府養老院」の「昭和七年度歳入出決算書」を示しているが，「市町村委託金」413円33銭が「救護法」による「救護費」に該当する。ただし，1932（昭和7）年度の歳入合計は1939円32銭であり，歳入全体に占める「救護費」の比率は21.3％にすぎない。その後の各年度の「救護費」を示してみると，1933（昭和8）年度804円58銭[16]，1934（昭和9）年度650円49銭[17]，1935（昭和10）年度888円97銭[18]，1936（昭和11）年度954円67

24　第2章　別府養老院と組織的支援母体

表2-1　昭和七年度歳入出決算書

昭和七年度歳入出決算書　自昭和七年四月一日　至昭和八年三月三〇日		
科　目	歳　入	決　算
第一款	前年度繰越金	一、三三四、八四
第二款	前年度繰越金	一三三、八四
第三款	大分県補助金	九〇、〇〇
第四款	別府市補助金	一〇、〇〇〇
第五款	市町村委託金	二、〇二七、〇〇
	寄付金	四一三、〇〇
	市町村委託金	四一二、〇〇
第六款	会費	九五三、二〇
	養老婦人会々費	四〇、三〇
	全慈善米見積	二八、四四
	利子	七〇、二六
	預金利子	二、二八
合　計	歳　入	一、九三九円三二

科　目	歳　出	決　算
第一款	事務費	
	手当（主事其他報酬ナシ）	四八三、三八
	旅費	五九、〇〇
	通信費	一七、九五
	備品費	六〇、〇四
	消耗品費	九二、六六
	電灯費	三三、三五
	文房具費	一八、九六
	印刷費	五二、四五
	新聞費	一九、三〇
	雑費	七三、一二
第二款	給養費	
	協会費	一〇、三〇
	贈答費	一一、〇〇
	賄費	八九、一三
第三款	給与費	六五、四五
	被服費	五、〇〇
	医療費	四、〇〇
	弔祭費	八、五〇
第四款	管理費	
	電話料	七六、五五
	火災保険料	一八、八五
	借地料	一一、〇〇
	租税	一、六三
第五款	租税	七、五〇
	修繕費	五一、〇〇
第六款	修繕費	三〇、〇〇
	基金繰入	五〇、〇〇
	基金繰入	三、〇〇
合　計		一、八三〇、六〇
差引残金（次年度へ繰越）		一〇八円二六

出所：『昭和七年度　別府養老院年報』pp.9～10

銭[19]，1937（昭和12）年度839円00銭[20]となっており，「救護費」によって経営の安定化に繋がったとはいえない状況にあった。表2―1からわかるように1932（昭和7）年度の「大分県補助金」は90円であるが，前年度（昭和6年度）は237円であった[21]。その後「大分県補助金」は1933（昭和8）年度180円[22]，1934（昭和9）年度190円[23]，1935（昭和10）年度190円[24]，1936（昭和11）年度190円[25]，と変化はなく，「救護費」が交付された年度から県の補助金は減少したことになる。表2―2には各養老院の歳入に占める「救護費」の割合を示しているが，各施設によって比率の差がみられ，また「岩手養老院」や「佐世保養老院」のように年度による差も見受けられる。これらの要因

表 2-2　年次別にみた各養老院の歳入にしめる救護費の割合　(%)

	大阪養老院	神戸養老院	佐世保養老院	前橋養老院	報恩積善会	別府養老院	岩手養老院	京都養老院(同和園)
昭和7年	3.5	22.1	4.2	―	―	21.3	18.8	―
8	―	23.2	7.5	17.8	16.9	35.6	20.0	76.7
9	―	21.5	11.3	19.8	13.7	29.6	21.2	75.9
10	4.5	15.9	6.1	―	11.6	34.2	―	―
11	―	14.7	14.0	29.7	22.0	35.1	13.2	70.1
12	4.1	11.0	13.0	28.1	20.4	25.8	35.6	62.3
13	5.0	11.9	13.3	29.1	27.3	28.2	15.9	62.0
14	3.0	10.8	9.2	28.6	24.7	32.2	38.0	54.6
15	3.8	19.6	20.0	36.8	28.5	40.1	20.7	61.2
16	1.4	20.3	―	35.9	31.3	41.7	42.2	59.1
17	2.6	25.3	―	38.5	26.3	―	41.3	54.8

出所：全国社会福祉協議会老人福祉施設協議会偏『老人福祉施設協議会五十年史』全国社会福祉協議会，1984年, p.86

として道府県の「救護法」適用への力の入れ様の差異が考えられる。また，「救護法」の対象とならない高齢者も在所していたことも指摘できよう。例えば，「別府養老院」の「現在入院者調」(昭和十年六月末日)では救護種類として「救護法」の「委託」が19名，「任意」が6名となっている[26]。いずれにしても公的助成金だけでは施設は運営できず，表2-1からもわかるように「別府養老院」では「会費」が993円64銭と歳入全体の51.2%をしめており，組織的支援母体の存在が大きかった。「別府養老院」の場合，それは「養老婦人会」を意味する。同じ九州地方の曹洞宗系の施設であれば「福岡養老院」が該当するが，「福岡養老院」は寺院住職による「福岡仏心会」を支援母体とし，檀信徒による「星華婦人会」によって運営されていた[27]。

◆ 第 3 節　組織的支援母体 ◆

1. 敬老会の実施

　1925（大正14）年10月24日から26日にかけて「大阪養老院」を主会場として「第一回全国養老事業大会」が開催された。この大会は「養老事業界の近代化への出発点である。」[28]と位置づけられており，23施設，団体から42名が参加した。全国各地で独自の手法で施設を運営していた実践者たちが集合し，運営の近代化科学化を図る契機となった。この大会に「別府養老院」の創設者矢野嶺雄と組織的支援母体である「養老婦人会」の神沢キワと武田阪意が出席した。年次報告書である『昭和四年度　別府養老院年報』にはじめて定款が記載されたが，その「第二条」で「本院ハ養老婦人会ノ経営ニヨリ社会事業ノ主旨ニ基キ」と位置づけ，矢野の実践を「養老婦人会」が経営上あるいは運営上支援するかたちで養老院事業は展開されていった。初代会長は別府市の初代市長神沢又一郎の妻である神沢キワが就任した。「別府養老院」では1926（大正15）年11月18日市内北町から福永町に移転，院舎88坪を新築するが，その落成式と第一回敬老会を兼ねて，同年11月20日に式典を挙行した。上記敬老会は翌年の11月20日にも実施されたが，これら敬老会は「養老婦人会」の主催であった。現在の施設には原史料である第2回の敬老会の招待状が保存されているので，以下その一部を記す。

　「拝啓　菊花紅葉の節　御貴殿にはいと御すこやかにわたらせられ，こよなきことと御喜び申しあげます。かねて私共日本固有の美風である敬老思想を培養する一助にもとて別府養老院を経営していますが，来る二十日は其の記念日にあたりますので皆様方と楽しき一日を迎えたいと思います。就ては遠路の所ではありますが是非ご出席を，お待ち申します。右御案内まで　別府市福永町別府養老院内養老婦人会」

　敬老会は別府市在住の80歳以上の高齢者150名を招待し，「講演，昼食，高齢者御自慢話，余興，浄瑠璃」等が行われたが，施設創設からわずか2年にし

て第2回敬老会が開催できたのも組織的支援母体が初期の段階で形成されていたからであった。また，地域の高齢者を視点に入れた敬老会を施設内で実施する構想は，施設の社会化，地域化に繋がるが，市内80歳以上の在宅高齢者150名を招待すること自体が，昭和初期の困窮化した時代背景を考慮に入れても，一施設のできる行事ではないように思われる。ただし，敬老会の講演者は別府市の齋藤俊次社会課長であり，「養老婦人会」の初代会長神沢キワが市長の妻であったことも上記敬老会が開催できたことに起因しているといえよう。なお，組織的支援母体が存在しても多大な経費はかかることになる。矢野嶺雄は昭和2年度の年次報告書で「養老院の貧乏な経済を，辛抱して敬老思想の普及徹底の意味で，二度まで開きましたが，今年の秋は第三回が開けるか今から案じて居ます」[29]と述べている。第3回敬老会は1928（昭和3）年11月18日に市内北浜「鶴水園」で開催されたが，昭和3年度決算報告には「歳出部」に「第十七，敬老会費一五七.三五」[30]と記されている。この額は歳出全体の8.3％にあたり，少なからず敬老会に投資していた事実がみえてくる。

2．養老婦人会

敬老会行事も大分県で初めて誕生した養老院という存在が市民に理解されていなかった点，また偏見が市民の意識の中にあったことを払拭するための一大行事であったことが推測される。また一大行事であると同時に施設経営の内実には多大の苦労があった。施設の創設者である矢野嶺雄の以下のような実践を引用する。

「丸いブリキ缶を沢山作り会員の家に配って，毎朝一つまみのお米を辛抱して缶に貯めていただく，"米一握り運動"の実践に始まって，『五銭会員』『十銭会員』『五十銭会員』など維持会員もふえ，そのお世話をされる役目の方たちによる堅実な足取りは，福祉法人の基となったのです。

会員の家を回ることになった嶺雄には，雨の日もあり，炎天の暑い日もあり，指先のちぎれそうな寒風の日もありました。網代笠を被り墨染の衣を着て

戸口に立ち『御免下さいお寒うございます』とかの季候の挨拶で手を合わせ，『養老院でございます。また会費を頂きに参りました』と言ってお辞儀をし，気持ちよくすぐに応じていただいても『有難うございました』と，幾度となく頭を下げねば老人への一椀の食べ物にも恵まれませんでした。夏は折角お昼寝をしておられるからと後回しにし，勝手口の履物を揃えてそっと立ち去り，後で来て見れば留守であったり，何回もお伺いする家があります。『もう一ヶ月経ちましたか。つい先日こそ上げたようですが……』とか『容器が大き過ぎてかなわない』と苦情を受けることも少なくありません。"三拝九拝"という言葉がありますが，『米搗きバッタのようだった』と，後日笑って話してくれましたが，"恵みを垂れる""施しを受ける"この両者の心の触れ合いの難しさを痛感していたようです。」[31]

　上記回想は現在の施設長矢野春海によるものであるが，「五銭会員」「十銭会員」「五十銭会員」と「養老婦人会」の会費の区分もあった。1928（昭和3）年に作成された「養老婦人会」の事業を紹介した印刷物が現存するが，その中に「養老婦人会員募集内規」として「一，毎月一円　二，毎月五十銭　三，毎月三十銭　四，毎月二十銭　五，毎月米五合　御都合ニテ一年分又ハ半年分同時ニ頂戴致シマス」と記載されている。昭和元年度の年次報告書からは「養老婦人会員名」と「毎月慈善米約五合宛」との表記で金銭による会員と米による会員に区分して各氏名とともにその金額等が細かく明記された[32]。各年次報告書をもとに列記されている氏名を数値化してみると，大正14年度「養老婦人会員芳名」151名[33]，昭和元年度「養老婦人会員名」58名「毎月慈善米約五合宛」118名[34]，昭和2年度「養老婦人会員名」125名「毎月慈善米約五合宛」123名[35]，昭和3年度「養老婦人会員芳名」147名「慈善米毎月約五合宛」131名[36]，昭和4年度「養老婦人会員芳名」165名「慈善米毎月約五合宛」144名[37]，昭和5年度「養老婦人会員芳名」209名「慈善米毎月」155名[38]，昭和6年度「養老婦人会会員並芳名」205名「養老婦人会慈善米並芳名」149名[39]。このように徐々にではあるが会員数の増加はみられるが，大正

14年度に既に会員数151名であったことを考えると施設が創設された当初から「養老婦人会」の組織化は図られていたようである。なお，金銭による会員と米による会員の区分は，昭和7年度以降は「養老婦人会会費並芳名」で統一され，金銭，米だけでなく，醬油，乾物，菓子等の寄付寄贈も記載されている。昭和7年度以降の人数を「養老婦人会会費並芳名」から集計してみると，昭和7年度325名，昭和8年度320名，昭和9年度314名，昭和10年度355名，昭和11年度352名，昭和12年度343名，昭和13年度325名，昭和14年度309名，昭和15年度317名，昭和16年度314名であり[40]，若干の減少はみられるが，300名代の会員は存在したと推測される。

「大正期の養老院の創設の一つの特徴は組織的支援母体をもっていたことにある」[41]との指摘がある。例えば「佐世保養老院」（大正13年創設）は「佐世保仏教婦人救護会」に支えられていた。また，「佐賀養老院」（大正6年創設）は「仏教婦人会」の付帯事業として，「京都養老院」（大正10年創設）は「仏教護国団」を母体としていた[42]。「長崎養老院」（大正13年創設）は「長崎大師会」を後援団体とし，正会員は「長崎大師会員ヲ以テ之ニ充ツ」[43]と規定した。これらの施設は運営主体を委譲されたもの，あるいは戦火によって建物が焼失したケースもみられるが，全て法人として現存しており，その地域・施設ごとの支援母体の組織化（組織力）が施設運営の源動であったことは否定できない。

1925（大正14）年に開催された「第一回全国養老事業大会」（大阪）に「別府養老院」からは創設者の矢野嶺雄と「養老婦人会」から神沢キワ，武田阪意が出席したことは既に述べたが，全国各地から終結した養老事業家たちは事業運営の科学化近代化のため全国組織を意図し，その事務所として「大阪養老院」に置くことを大会において決議した。その後，「大阪養老院」は全焼という事故もあり，内務省社会局の支援による「浴風園」（東京）が中心となって全国組織化の準備が進められていくことになる。1931（昭和6）年7月「全国救護事業協議会」（東京）が開催された際に「養老事業関係者懇談会」を開き，

養老事業協会設立のための経過報告，規約の審議が行われた。1932（昭和7）年1月29日に全国養老事業協会打合会を開き，「全国養老事業協会」は1932（昭和7）年1月30日に創設された[44]。会長には枢密院顧問官窪田静太郎，副会長は内務省社会局社会部長富田愛次郎，理事長は浴風会常務理事福原誠三郎が就任しており，いわば政府主導型の組織として事業は展開していくことになった。なお事務局は「浴風園」に置かれ，「全国養老事業大会」「養老事業研究会」「養老事業実務者講習会」の開催，「全国養老事業調査」の実施，雑誌『養老事業』を発刊する等，政府主導型ではあったが，養老事業の近代化，組織化，情報化にとって大きな飛躍を遂げたといってよい。

この「全国養老事業協会」が設立された1932（昭和7）年の1月1日に「救護法」が施行されたが，同年1月28日には上海事変勃発，同年3月1日には満州国建国を宣言，侵略戦争へと時代は移行していった。こうした戦時下の1938（昭和13）年4月1日に「社会事業法」が交付され7月1日に施行される。以下，「社会事業法」施行期の養老院について，「別府養老院」を中心に分析する。

◆第4節 「社会事業法」下の養老院◆

「社会事業法」が成立した1938（昭和13）年は「恩賜財団軍人援護会」が設立され，軍人援護事業，兵力および労働力の増強等，官民両者による戦時体制への戦略強化が図られていく時代であった。社会事業界においては1908（明治41）年より優良施設に交付されてきた奨励金が，「社会事業法」第11条により補助金として規定された。1938（昭和13）年度の場合903施設に500,000円，一団体当たり553円が支払われたが[45]，「別府養老院」には450円の補助金が交付された[46]。1939（昭和14）年度の一施設の全国平均補助額は831円，1940（昭和15）年度755円，1941（昭和16）年度580円であるのに対し[47]，「別府養老院」においては1939（昭和14）年度630円[48]，1940（昭和15）年度630円[49]，1941（昭和16）年度630円[50]であることから全国平均との大差は見

表2−3　昭和十三年度歳入出決算

昭和十三年度歳入出決算
　一金　三千六百拾六円貳拾壱銭也　収入総額
　一金　三千五百四拾四円七拾四銭也　支出総額
　差引残金　百五拾壱円四拾七銭也　次年度へ繰越

歳入

科目	決算額
第一款　繰越金	八四一.四一二
第二款　補助金	七九〇.〇〇〇
第三款　委託救護費	一,〇四三.八八四
第四款　会費	七八七.六三三
第五款　寄付金	四一一.六四
第六款　借入金	一五八.六八
合計	三,六九六.二二一

歳出

科目	決算額
第一款　事務費	八七一.二五
第二款　給養費	一,六三二.四三
第三款　管理費	四六二.三八
第四款　償還金	五七八.六八
合計	三,五四四.七四
差引残金	一五一.四七　次年度へ繰越

出所：『昭和十三年度　別府養老院年報報』p.11

受けられない。ただし，「社会事業法」によって「国庫補助金の増額が行われた一方で，地方費補助金は補助対象団体数及び金額ともに大きく減少した」[51]という指摘があるように，厚生省生活局保護課調では1936（昭和11）年度道府県補助施設数3,718ヵ所，金額776,682円であったものが，1938（昭和13）年度には補助施設数756ヵ所，金額419,300円に減少している[52]。

　表2−3には「別府養老院」の昭和13年度の歳入出決算書を示しているが，この年度以降から決算書が簡略化され，「第二款　補助金　七九〇.〇〇」とある。この補助金を現存する施設の原史料から調べてみると，「社会事業法」による補助金450円，大分県補助金190円，別府市補助金150円，計790円とな

る。「別府養老院」の場合1937 (昭和12) 年度の県補助金は400円であったことから[53]，上記の厚生省調による指摘どおり「別府養老院」においても大きく減少している。その後の県の補助金を示すと，昭和14年度190円，昭和15年度200円，昭和16年度190円，昭和17年度100円，昭和18年度100円，昭和19年度100円と減少した。こうした補助金をみただけでも戦時体制下の中にあっては施設経営には苦しいものがあったと推察される。例えば，「別府養老院」の年次報告書の頁数をみても1935 (昭和10) 年度が42頁で最も多く，以降1936 (昭和11) 年度34頁，1937 (昭和12) 年度36頁，1938 (昭和13) 年度30頁，1939 (昭和14) 年度32頁，1940 (昭和15) 年度30頁，1941 (昭和16) 年度28頁へと減少している[54]。

「別府養老院」の年次報告書は1941 (昭和16) 年度をもって廃刊となるが，この年の12月に太平洋戦争へと突入する。全国の養老事業施設は聖戦完遂のために協力を求められるが，「全国養老事業協会」の雑誌『養老事業』にも次のような各施設への問い合わせが行われた。

「客年七月支那事変勃発以来国民は皇軍将士の忠勇無比なるとその苦労の甚大なるを思ひ，何とかして銃後の護を完うしたいと念ぜない者はない，世外人と思はれる養老施設に在る老人達は如何であらうか之に干与する職員の行動は如何かとその状況を問合はせて見たところ左の如き報告に接した。」[55]

これに対して九州地方の施設からは「八幡養老院（福岡県）　本院佛教各宗連合会々員四十五ヶ寺にては事変発生一周年記念日に際し托鉢行脚を行ひ得たる浄財百壹円五拾五銭を八幡市軍人家族後援会に寄附したり。」[56]「博愛院（熊本県）　八代郡婦人会の依頼に依り収容者一同古着を解き軍用雑巾を製作せり。」[57]「宮崎救護院（宮崎県）　非常時に際し心身強健の向上を計り，銃後の守を堅固にし元気を発揮せんが為職員十五名，見習員十名，老人五名を以て祖国振興隊を編成したり。」[58] 等の報告があった。「別府養老院」（現在の別府高齢者総合ケアセンターはるかぜ）に保存されている矢野嶺雄による手書き史料には「予は深く感ずる所あって佛祖の許しを受け多少の非難を甘受する覚悟を以て

謹んで之を裁し「お守袋」を作って我が出動将兵に送り其の武運長久を祈りたいと思ふ。然しかゝる行為を敢て望む者ではない。現下の非常時局に鑑み佛陀や祖師の精神に還れと念願して止まぬ者である。」と記されている。これは1937（昭和12）年11月9日に書かれたものであるが，同月16日には法衣をお守袋にして出征兵士に贈っている[59]。戦時下の中では養老院も戦争協力に邁進せざるを得ない状況にあった。しかし，困窮化する日本においては施設を閉鎖するケースもみられ，1940（昭和15）年には131施設であったものが，1945（昭和20）年には102施設まで減少したといわれている[60]。『第三回全国養老事業調査表抜抄』においても1936（昭和11）年12月の「第二回調査」では全国の「収容人員」は4,687名であったが，1940（昭和15）年6月「第三回調査」では4,582名と幾分減少しており[61]，太平洋戦争勃発以降は激減したのではないかと推測される。つまり，困窮化により病気が蔓延する等，死者が多くなったと思われる。以下，「別府養老院」で生活する高齢者の状況を分析する。

◆ 第5節　高齢者の状況 ◆

　昭和初期の時代は1927（昭和2）年3月の金融恐慌にはじまり，1929（昭和4）年の世界恐慌，その後1931（昭和6）年の満州事変，1932（昭和7）年の国際連盟脱退等，経済的困窮から戦時に突入するという国民にとっては屈辱的時代であった。こうした状況下で養老院で生活する高齢者はどのような実態に置かれたのであろうか。表2−4には1934（昭和9）年度の年次報告書に記載された「現在入院者調（昭和十年六月末日）」を示している。

　現在の老人ホームに比較すると年齢が低いことは明らかであり，「全国養老事業協会」による「全国養老事業調査（第二回）」（昭和11年12月31日現在）においても，75歳未満の者が71.7％であった[62]。表2−4から理解できるように「別府養老院」の場合は生活者25名中12名が75歳未満であり，48.0％となり，いわゆる「後期高齢者」が全国平均に比較して多いといえよう。ただ

表 2-4　現在入院者調（昭和十年六月末日）

性別	入院番号	姓	年齢	在院期間	出身郡別	救護種類
男	八六号	○	四八才	一ヵ月	南海部郡	任意
男	八五号	○	七一才	一ヵ月	大野郡	委託
男	八四号	○	三〇才	二ヵ月	名古屋市	全
女	八三号	○	八三才	二ヵ月	豊橋市	全
男	八二号	○	七三才	二ヵ月	下毛郡	全
女	八一号	○	七二才	三ヵ月	速見郡	委託
女	八〇号	○	七六才	三ヵ月	大分郡	任意
女	七九号	○	六〇才	四ヵ月	北海部郡	全
男	七八号	○	八八才	四ヵ月	北海部郡	全
男	七七号	○	八四才	五ヵ月	南海部郡	全
女	七六号	○	四〇才	七ヵ月	北海部郡	全
男	七五号	○	七二才	九ヵ月	速見郡	全
女	七四号	○	七三才	九ヵ月	大分市	全
男	七二号	○	六九才	一年十ヶ月	西国東郡	委託
女	七〇号	○	八四才	三年八ヶ月	宇佐市	任意
男	六九号	○	七〇才	三年	別府市	全
女	五七号	○	八六才	二年四ヶ月	別府市	任意
男	五五号	○	八一才	四年八ヶ月	大分郡	全
男	四三号	○	七四才	五年一ヶ月	北海部郡	任意
男	三九号	○	七二才	五年三ヶ月	西国東郡	全
男	三五号	○	八三才	七年七ヶ月	別府市	任意
男	二七号	○	八一才	七年二ヶ月	別府市	全
男	二三号	○	七五才	九年八ヶ月	別府市	委託
女	八号	○				

出所：『昭和九年度　別府養老院年報』p.10

表 2-5　健康状態

	昭和九年度		昭和八年度		昭和七年度		昭和六年度		昭和五年度	
性別	女性	男性	女性	男性	女性	男性	女性	男性	女性	男性
健康	五	四	五	六	三	三	三	三		
病弱	四	八	四	三	七	三	五	一	三	一
盲	二		四				一	一	一	一
計	一一	一四	一三	一〇	一三	八	九	五	七	五

出所：各年次報告書から作成

し，30歳，40歳，48歳等，高齢者ではない生活者も存在する。こうした現象は他の養老院でもみられることではあるが，1924（大正13）年4月に別府に市制がひかれ[63]，翌年の1925（大正14）年2月には「別府養老院」が誕生する。また，同年6月に別府市に社会課が創設されるという状況を鑑みると，大分県あるいは別府市において，当時は多様な施設もなく，若年層であっても入所の手続きを取らせざるを得ない状況があったと考えられる。

次に高齢者の健康状態であるが，原史料が乏しく表2—5のように昭和5年度から昭和9年度までのデータになってしまうが，例えば，昭和9年度の場合「健康」は9名で全体の36.0％となる。昭和8年度は「健康」は11名で47.8％である。先の「全国養老事業調査（第二回）」では「健康者」は35.7％となっており，「別府養老院」の度数が少ないため，的確な分析はできないが，全国平均と大きな差異はないといえよう。ただし，「健康」という用語がどのような概念を意味するか明確化されていないので，この点でも分析が曖昧となってくる。

表2—6には入退院，死亡状況を示している。指摘できることは昭和10年度頃から「死亡」者が増加している点である。九州地区において「別府養老院」と同じ曹洞宗系の「福岡養老院」の年次報告書をみても昭和8年度から「死亡」者が増加する傾向にある。「福岡養老院」の場合は，昭和8年度「死亡」者16名，昭和9年度12名，昭和10年度10名，昭和11年度12名，昭和12年度12名，昭和13年度10名，昭和14年度10名，昭和15年度16名，昭和16年度20名，昭和17年度20名，昭和18年度18名，昭和19年度19名，昭和20年度18名となっている[64]。昭和16年度昭和17年度は20名の死亡者がでているが，やはり戦時下の中での困窮が養老院に多大な打撃を与えたと思われる。そのため「別府養老院」では公衆衛生の側面から1934（昭和9）年7月23日に「消毒所」を新設した。以下，「別府養老院」の「消毒所」について分析する。

表 2-6　昭和六年度以降　入退院，死亡状況

	昭和六年度		昭和七年度		昭和八年度		昭和九年度		昭和十年度		昭和十一年度		昭和十二年度		昭和十三年度		昭和十四年度		昭和十五年度		昭和十六年度	
性別	女性	男性	女性	男性	女性	男性	女性	男性	女性	男性	女性	男性	女性	男性	女性	男性	女性	男性	女性	男性	女性	男性
入院	五	八	四	七	四	八	二	四	一〇	八	三	九	一〇	一四	九	九	三	六	三	九		
死亡	三	四	〇	三	六	一二	三	八	四	八	七	七	八	七	六	六	一〇	一三				
退院	〇	〇	一	〇	二	五	一	四	二		〇	三	一	三	二	四	二	五				
現在	五	九	八	一〇	三	三	三	八	三	三	五	一〇(?)	七	一一	一	三	五	一七	一三			
合計	一四	二一	二三	二五	一九	三三	三二	二八	二八	二九												

出所：各年次報告書から作成

◆第6節　消毒所と地域化◆

　前記「福岡養老院」においては 1941（昭和 16）年度に 20 名の死亡者が発生した。小笠原祐次の研究によると[65]，1941（昭和 16）年の「死亡率」[66]は「大阪養老院」が 25.9％，「浴風園」（東京）33.0％，「同和園」（京都）37.9％であった。また，1944（昭和 19）年には「大阪養老院」の死亡率は 57.1％，「浴風園」54.2％，「同和園」44.2％と急増しており[67]，全国の養老院の窮乏化が推察される。先にも指摘したように「別府養老院」においても 1935（昭和 10）年度あたりから死亡者が増加し，矢野嶺雄は「消毒所」の設置を実施に移す。なお，施設での生活者の衛生面で次のような回想がある。当時の高齢者の実態がよく理解できる文章なので幾分長くなるが引用する。

　「当初から廃材で建設した養老院だけに老朽も進み，格好のノミやシラミの住み家となったようで，行路病者の老人の衣服に取りついたまま連れて来られたりするため絶えることがなかったのです。余程注意してもシラミは病弱者に

は発生もひどく，冬の長い夜を眠れぬまま苦痛を訴え，シラミに噛み殺されるのではないかという感じでした。(中略) 洗濯しての日光消毒などではもちろん追いつかず，下着を大釜に入れて煮るのです。色物も一緒に煮るのですから，折角新しいものを縫って着せても全部変な色に染まってしまいます。この燃料集めも一苦労でした。道路を歩けば目にとまる木片から，嵐の翌朝には海辺に打ち上げられた流木を拾い，また野口の墓地に出かけても抜き捨てられた枯花を集めて帰ったものでした。」[68]

「別府養老院」では上記のような実情もあり，1934（昭和9）年7月23日に附属消毒所を新設，蒸気消毒設備を設置した。1934（昭和9）年10月には「別府養老院養老婦人会」の名称で「別府養老院　創立十周年記念事業　別府消毒所新設概要」というB4版の印刷物（パンフレット）を作成し「養老婦人会員」および市民に配布している。このパンフレットの左上部に次の文章が印刷されている。

「公衆衛生ノ為ニ御願ヒ　我ガ別府ハ将来養老ノ都市トシテ発達スベク茲ニ重点ヲ置テ各種ノ施設経営ヲ行ハナケレバ或ハ行キヅマリガ出来ルノデハナイカト思ハレマス，(中略) 多大ノ犠牲ヲ拂ツテ前記ノ通リ消毒所ヲ新設致シマシタ，何卒此ノ器ヲ御利用下サイマシテ，結核性其他一切ノ伝染病ヲ撲滅シ，(中略) 健全ナル療養都市タラシムル為メニ，極メテ軽費ヲ以テ奉仕致シマスカラ，各階級ニ於テ御利用下サル様切ニ御願ヒ申上マス。」

上記の文面から理解できるように「消毒所」を地域住民に利用してもらうという社会的機能を果たす施設としての広報的内容が読み取れる。矢野は「公衆衛生ノ為ニ御願ヒ」として，公衆衛生を基軸とした養老院の地域化の視点から事業展開を広げていくことを意図していたと考えられる。上記「公衆衛生ノ為ニ御願ヒ」の文章は，『昭和九年度別府養老院年報』『昭和十年度別府養老院年報』『昭和十一年度別府養老院年報』にも記載された。また「消毒所」に関する記事は，1934（昭和9）年度以降の年次報告書である『年報』には毎年記載された。年次報告書から「消毒所」の活動状況を調べてみると，「消毒所収支

決算書」が記載されており,「消毒料」として1934（昭和9）年度46円, 1935（昭和10）年度79円25銭, 1937（昭和12）年度136円85銭, 1938（昭和13）年度119円55銭, 1939（昭和14）年度192円, 1940（昭和15）年度327円, 1941（昭和16）年度496円77銭となっており[69],年ごとに「消毒料」の収入が増加しているようである。ただし,具体的なサービスの提供による施設の地域化,社会化という側面と同時に,施設に「消毒所」を設置し社会的施設として機能させなければならなかった困窮化した時代的必然性がそこには存在したことを忘れてはならない。

◆第7節　おわりに◆

「別府養老院」,現在の「別府高齢者総合ケアセンターはるかぜ」には原史料として大別すると,「創立趣意書及び募金活動等作成史料」「慈善演芸会等関係史料」「式典史料」「養老婦人会関連史料」「敬老会史料」「消毒所史料」が保存されている。これらは「別府養老院」の事業の地域化,組織化に貢献した原史料であるが,「養老婦人会」という組織の支援母体が施設の運営に当たることによって史料の作成,配布も可能になった。同時に矢野嶺雄が1924（大正13）年に創立趣意書を作成し,大分県知事松村義一をはじめとする県下知名士の署名を受け,「養老院」創設への地道な活動を展開した結果として「養老婦人会」は誕生したといえる。「別府養老院」では上記史料とは別に本文でも引用した年次報告書である『別府養老院年報』を大正14年度から昭和16年度まで発刊した。先にも述べたが,九州地方ではその他に『佐世保養老院院報』『福岡養老院事報』が現在の施設あるいは国立国会図書館等に保存されている。こうした年次報告書には支援母体の会員名を会費とともに列挙,掲載し,組織の強化拡大を図り,同時に広報的側面から多彩な内容を記載した。「救護法」による「救護費」,「社会事業法」による補助金だけでは,到底経営できない民間社会事業施設は各施設の独自の手法で維持運営を行っていくが,「別府養老院」においては組織的支援母体である「養老婦人会」と矢野嶺雄が両輪となり,戦時

下の中を生きぬいていった。そして、市内80歳以上の在宅高齢者150名を招待した「敬老会」、あるいは「消毒所」の設置をすることによって、地域を視点に入れた養老事業実践を展開していった。

〈注〉

1) 「救護法」によって、下記の法令は廃止された。明治四年太政官達第三百号、明治六年太政官布告第七十九号、明治六年太政官布告第百三十八号、明治七年太政官達第百六十二号恤救規則。
2) 『第三回全国養老事業調査表抜抄』によると、1940（昭和15）年6月末日現在、公立30施設、私立101施設であった。
3) 『養老事業』第12号、全国養老事業協会、1937年、には「受贈感謝」の頁に九州地方のものとして『共栄』福岡県社会事業協会、『愛に生きる』宮崎救護院、『長崎養老院月報』長崎養老院、『佐賀養老院事業報告』佐賀養老院が記載されている。
4) 『昭和二年度　別府養老院年報』昭和三年三月三一日、1928年、p.1
5) 厚生省五十年史編集委員会編『厚生省五十年史（記述篇）』財団法人厚生問題研究会、1988年、pp.256〜257
6) 同上書、p.258
7) 『昭和七年度　別府養老院年報』昭和八年三月末日、1933年、p.25
8) 全国社会福祉協議会老人福祉施設協議会編『老人福祉施設協議会五十年史』全国社会福祉協議会、1984年、p.80
9) 『函館厚生院六十年史』社会福祉法人函館厚生院、1960年、p.137
10) 『滋賀養老院概要』大津市社会事業助成会、1934年、p.1
11) 『昭和十三年十月　全国養老事業調査（第二回）』全国養老事業協会、1938年、p.44
12) 『佐世保養老院々報』昭和八年九月二十日、1933年、p.19
13) 『昭和十三年十月　全国養老事業調査（第二回）』前掲書、p.93
14) 同上書、p.96
15) 同上書、p.100
16) 『昭和八年度　別府養老院年報』昭和九年三月末日、1934年、p.11
17) 『昭和九年度　別府養老院年報』昭和十年五月末日、1935年、p.13
18) 『昭和十年度　別府養老院年報』昭和十一年六月末日、1936年、p.17
19) 『昭和十一年度　別府養老院年報』昭和十二年六月末日、1937年、p.11
20) 『昭和十二年度　別府養老院年報』、p.11
21) 『昭和六年度　別府養老院年報』昭和七年三月末日、1932年、p.4

22)『昭和八年度　別府養老院年報』昭和九年三月末日，1934 年，p. 11
23)『昭和九年度　別府養老院年報』昭和十年五月末日，1935 年，p. 13
24)『昭和十年度　別府養老院年報』昭和十一年六月末日，1936 年，p. 17
25)『昭和十一年度　別府養老院年報』昭和十二年六月末日，1937 年，p. 11
26)『昭和九年度　別府養老院年報』昭和十年五月末日，1935 年，p. 12
27) 拙稿「『社会事業法』成立から戦時下の高齢者施設に関する研究」『日本の地域福祉』第 14 巻，2000 年，pp. 75～76
28) 小笠原祐次「養老事業の組織化，近代化」，全国社会福祉協議会，前掲書，p. 67
29)『昭和二年度　別府養老院年報』昭和三年三月三十一日，1928 年 p. 4
30)『昭和三年度　別府養老院年報』昭和四年三月末日，1929 年，p. 3
31) 矢野春海『黙々茨道譚』(非売品)，1985 年，pp. 41～42
32) 金銭による会員が「慈善米」の部分にも記載されている。つまり両方に記載されている者は，昭和元年度 6 名，昭和 2 年度 6 名，昭和 3 年度 4 名，昭和 4 年度 4 名，昭和 5 年度 4 名，昭和 6 年度 2 名にすぎない。なお大正 14 年度は「養老婦人会員芳名」で記載されていたが，「甲一口毎月金五十銭」「乙慈善米之部」との区分があり，両項目に跨がっているのは 3 名であった。
33)『昭和十四年度　別府養老院年報』大正十五年三月三十一日，1926 年，pp. 2～4
34)『昭和元年度　別府養老院年報』昭和二年三月三十一日，1927 年，pp. 7～10
35)『昭和二年度　別府養老院年報』昭和三年三月三十一日，1928 年，pp. 7～12
36)『昭和三年度　別府養老院年報』昭和四年三月末日，1929 年，pp. 9～15
37)『昭和四年度　別府養老院年報』昭和五年三月末日，1930 年，pp. 13～20
38)『昭和五年度　別府養老院年報』昭和六年三月末日，1931 年，pp. 15～24
39)『昭和六年度　別府養老院年報』昭和七年三月末日，1932 年，pp. 9～19
40) 各年次報告書より集計
41) 小笠原祐次「社会事業の成立と養老事業」，全国社会福祉協議会，前掲書，p. 44
42) 同上書，p. 44
43)『長崎養老院概要』長崎養老院，1930 年，p. 1
44) 小笠原祐次「養老事業の組織化，近代化」，全国社会福祉協議会，前掲書，pp. 70～71
45)『日本社会事業年鑑　昭和 18 年版』財団法人中央社会事業協会社会事業研究所，p. 37
46)『昭和十三年度　別府養老院年報』p. 1
47)『日本社会事業年鑑　昭和 18 年版』前掲書，p. 37
48)『昭和十四年度　別府養老院年報』p. 1
49)『昭和十五年度　別府養老院年報』p. 1
50)『昭和十六年度　別府養老院年報』p. 1
51) 厚生省五十年史編集委員会，前掲書，p. 473

52) 同上書, p. 474
53) 『昭和十二年度　別府養老院年報』p. 11
54) 各年次報告書より引用
55) 『養老事業』第 14 号, 全国養老事業協会, 1938 年, p. 56
56) 同上書, pp. 60〜61
57) 同上書, p. 61
58) 同上書, p. 61
59) 『洗心会六十年のあゆみ』社会福祉法人洗心会, 1985 年, p. 13
60) 全国社会福祉協議会, 前掲書, p. 98
61) 『第三回全国養老事業調査表抜抄（昭和十五年六月末日現在）』p. 2
62) 『昭和十三年十月　全国養老事業調査（第二回）』, 前掲書, p. 12
63) 別府市教育会編輯『別府市誌』別府市教育会, 1933 年, p. 376
64) 『昭和二十一年度　財団法人　福岡養老院事報』1947 年, pp. 4〜5
65) 小笠原祐次「国民生活の窮乏と養老院の生活の困窮」, 全国社会福祉協議会, 前掲書, p. 107
66) $死亡率 = \dfrac{死亡者数}{前年末在籍者数 + 新入園者}$
67) 小笠原祐次, 前掲書, p. 107
68) 矢野春海, 前掲書, pp. 63〜64
69) 各年次報告書より引用

第3章

「社会事業法」成立期からの別府養老院

◆ 第1節　はじめに ◆

　第3章は「社会事業法」施行当時の「別府養老院」に視点を当て，地域実践の形成が阻止されていく状況を分析する。

　地域において実践を形成しつつあった施設が，戦時体制の中で活動が削ぎ落とされていく現実をミクロの立場から明らかにする。戦前の養老院の原史料は戦火の中で焼失してしまったものが多い。特に，現代と異なり町中に建築される施設がほとんどであり，空襲によって施設そのものが崩壊してしまうケースが多かった。その意味では「別府養老院」の年次報告書や手書き史料は貴重である。なお，「別府養老院」では組織的支援母体である「養老婦人会」の活動が地域に根づく活動を展開していった。第2章では，大正・昭和初期の実践を明らかにしたが[1]，第3章は，軍事政策下の中で，実践者の苦悩する活動から生まれた，生活者あるいは地域住民の為の活動を紹介しつつ分析する。

　前章でも述べたが，「別府養老院」は，組織的支援母体である「養老婦人会」によって運営されていた。大正・昭和初期には別府市在住の80歳以上の高齢者150名を施設に招待して「敬老会」を開いたり，地域の高齢者の為に浄瑠璃による慰安会も開催した。「養老婦人会」の会員は300名を超え，「別府養老院」の創設者である矢野嶺雄とともに別府市において独自の活動を展開した。しかし，戦時体制に移行する中で，その活動は徐々に削ぎ落とされていく。困窮化する施設の中で矢野嶺雄や「養老婦人会」は，その時代ゆえの実践を展開した。

◆第 2 節　「社会事業法」下の「別府養老院」の財源 ◆

　「別府養老院」は，1925（大正14）年 2 月23日，大分県宇佐郡長峰村（現在の宇佐市），曹洞宗光明寺住職矢野嶺雄（1894〜1981）によって創設された養老院である。この施設を支援運営していたのが，別府市内の有志によって組織された「養老婦人会」である。会長は別府市長神沢又一郎の妻神沢キワであった。「養老婦人会」という組織的支援母体が形成される経緯について回想した資料があるので引用する。

　「養老院設立への批判はデマをからめて非難となり，さらに嫌がらせの行動に変わり，身の置き所もない思いでした。しかし一筋の光明がさす日も遠くありませんでした。海門寺から二町ほど離れた北町の山陽館の倉庫を改造して家賃六円で移り住むことができたのです。別府市が市制を施行（大正十三年九月）し初代市長に就任した神沢又一郎氏は，十四年六月に市役所に社会課を設けるほどの社会事業に熱意を抱いた人で，その意を体したキワ夫人らの奔走によるものだったのです。

　この善意の輪はさらに広がり，同年七月二十五日「養老婦人会」結成にこぎつけたのです。萬屋旅館での発会式には神沢市長夫人ほか十四人が集まり，耳慣れない支援団体のもとに施設も「別府養老院」と改称されました。

　嶺雄という一介の僧に信用などあるはずはありません。しかし大学時代の友人で中内竈吟という檀家から信望の厚い役僧が海門寺にいまして『矢野は絶対に信頼の出来る青年僧である』と力強く推薦してくれたのでした。神沢夫人も嶺雄が寄付を強要せず，千枚に及ぶ般若心経の浄写を分かちながら托鉢する姿を知り『お一人で大変でしょう。私達が組織をつくって上げますから，その会員の家々を毎月お回りなさい』と，平尾トキ様，武田阪意様，藤沢クワ様ら数名の方々とともにボランティア活動の第一線に立って下さったのでした。」[2]

　上記の文章は現在の施設長矢野春海によるものであるが，この「養老婦人会」の支援によって，その後「別府養老院」は創設者矢野嶺雄の実践とともに

運営されていく。1926（大正15）年3月からは年次報告書である『別府養老院年報』を発刊し各年度の事業報告を細かく記載した。1932（昭和7）年5月27日には「救護法」の「救護施設」としての認可を受け公的機能が加わった。しかし，時代は1931（昭和6）年9月の満州事変，1932（昭和7）年満州国建国宣言，1933（昭和8）年3月国際連盟脱退，1937（昭和12）年7月の盧溝橋事件の勃発，そして1938（昭和13）年4月には「国家総動員法」が公布され，戦時体制へと突入していく。木村武夫は「このような状況下で，社会事業も，国家総動員体制下に編入されねばならなかった。1938（昭和13）年4月公布された「社会事業法」とは，まさに以上のような意味をもって法制化されたのである。」[3)]と指摘している。

「社会事業法」は1938（昭和13）年4月1日，法律第59号として公布，7月1日に施行された。まさに治安立法，統制強化の為の立法として成立した法律である。なお第11条で「政府ハ社会事業ヲ経営スル者ニ対シ予算ノ範囲内ニ於テ補助スルコトヲ得」と規定し，優良施設に補助金が交付されることになった。表3—1のように，1938（昭和13）年度は50万円，1939（昭和14）年度からは100万円に増加した。1938（昭和13）年度を一施設に計算すると553円となるが，「別府養老院」には450円が交付された[4)]。いずれにしても「社会事業法」による補助金は「別府養老院」の歳入全体（昭和13年度）の12.2％にすぎず，支援母体の会費や寄付金等が重要な財源であった。

なお，前章でも述べたが，「国庫補助金の増額が行われた一方で，地方費補助金は補助対象団体数及び金額ともに大きく減少した。」[5)]といわれている。事実，厚生省生活局保護課調では，1936（昭和11）年度の道府県の補助金（奨励金）は3,718団体，776,682円であったが[6)]，1938（昭和13）年度には756団体，419,300円に減少した[7)]。その後，1939（昭和14）年度には1,046団体，529,723円[8)]，1940（昭和15）年度は1,177団体，507,192円[9)]と幾分増加するが，「社会事業法」施行前ほどの補助金は給付されていない。

「別府養老院」においては1937（昭和12）年度の県の補助金は400円であっ

第 2 節 「社会事業法」下の「別府養老院」の財源 　45

表 3-1 　国庫奨励金下附状況（生活局保護課調）

年　　度	団体数	金　　額
昭和 2 年度	251	59,500 円
同　3 年度	281	59,500 円
同　4 年度	301	61,000 円
同　5 年度	301	43,700 円
同　6 年度	309	38,500 円
同　7 年度	316	39,000 円
同　8 年度	469	169,600 円
同　9 年度	504	169,600 円
同　10 年度	523	169,600 円
同　11 年度	530	169,600 円
同　12 年度	562	200,000 円
同　13 年度	903	500,000 円
同　14 年度	1,203	1,000,000 円
同　15 年度	1,324	1,000,000 円
同　16 年度	1,723	1,000,000 円

出所：『日本社会事業年鑑（昭和 18 年度版）』
　　　財団法人中央社会事業協会社会事業研究所, 1944, pp.36-37.

たが[10]，1938（昭和 13）年度は 190 円，1939（昭和 14）年度 190 円，1940（昭和 15）年度 200 円，1941（昭和 16）年度 190 円，1942（昭和 17）年度 100 円，1943（昭和 18）年度 100 円，1944（昭和 19）年度 100 円へと減少していった[11]。これに対して「社会事業法」による国庫補助金は，「別府養老院」の場合，1938（昭和 13）年度 450 円，1939（昭和 14）年度 630 円，1940（昭和 15）年度 630 円，1941（昭和 16）年度 630 円，1942（昭和 17）年度 630 円，1943（昭和 18）年度 630 円，1944（昭和 19）年度 650 円[12]と，1939（昭和 14）年度から一定化している。ただし，630 円に増加した 1939（昭和 14）年度の歳入全体に占める国庫補助金は 14.7% であり，先にも述べたが組織的支援母体の存在は財源上大きいものがあった。表 3-2 には昭和 14 年度の歳入出決算書を示しているが，「養老婦人会」の「会費」や「寄付金」が歳入全体の 34.5%

表 3-2　昭和十四年度歳入出決算

科目	決算額
収入総額	一金　四千貳百九拾五円七拾八銭也
支出総額	一金　四千百参拾円六拾参銭也
差引残金　次年度へ繰額	一金　百六拾五円拾五銭也

歳入

科目	決算額
第一款　繰越金	一五一、一四七
第二款　補助金	九八〇、〇〇
第三款　委託救護費	一,三八二、四二
第四款　会費	八〇四、八九
第五款　寄附金	六七七、〇〇〇
第六款　借入金	三〇〇、〇〇〇
合計	四,二九五、七八

歳出

科目	決算額
第一款　事務費	八六二、二〇
第二款　給養費	二,〇〇四、四一
第三款　管理費	五六四、〇二
第四款　償還繰入金	七〇〇、〇〇
合計	四,一三〇、六三
差引残金　次年度へ繰越	一六五、一五

出所：『昭和十四年度　別府養老院年報報』
別府養老院，1940，p.11.

を占めている。なお，表3-2において「委託救護費　一三八二.四二」とあるが，これは1932（昭和7）年に施行された「救護法」による「救護費」に該当する。「別府養老院」の場合，年次ごとにその割合が高くなる傾向がでている。1932（昭和7）年21.3％，1934（昭和9）年29.6％，1936（昭和11）年35.1％，1938（昭和13）年28.2％，1940（昭和15）年40.1％[13]。この点について小笠原祐次は，「別府養老院は寄付＋救護費型」[14]と指摘している。表3-2からもわかるように，特に「社会事業法」施行期の「別府養老院」は「会費，寄付金」と「救護費」および「補助金」によって運営されていたといってよい。

◆ 第3節　戦時体制下の実践 ◆

1. 全国の養老院

1938（昭和13）年4月「国家総動員法」が公布され，翌年1939（昭和14）年3月からは軍事教練が強化された。同年5月に入ると「米穀配給統制法」を実施，7月，米国は「日米通商条約」破棄を通告，8月，日英会議決裂，そして9月，第2次世界大戦が始まった。全国の養老院も戦時体制下の中に置かれた。

例えば「京都養老院」では，「京都養老院（京都府）　昨年六月二十四日畏くも　皇太后陛下御使を差遣せられ御菓子料を拝受し，それを院生一同に伝達したところ，間もなく日支事変突発したので，老人達は出征兵士の労苦の万一に報いたいとて，御菓子料として拝受した内より各自任意に醵金し，此金拾参円余に及び，之を皇軍慰問金として京都日々新聞社を通じて献金した。（二）本年三月十五日応召軍人の実父を収容した，実父は中風症にて自身の自由を失ひ，且つ他に扶養者のない人である。（三）六月一日には応召の実母心身耗弱者を収容した。（四）七月七日は日支事変一周年に当り一人一点の履物を醵出し，之を売却してその代金拾弐円八拾七銭を国防献金として十六師団司令部を通じて献納した。」[15]

また「大阪養老院（大阪府）　本院にては（一）出征兵士の見送りを為し（二）在院者婦人は千人針縫四十余枚の奉仕（三）皇軍将士に対し職員（及家族）三十八袋の慰問品を贈呈（四）慰問状は職員（及家族）四十五通在院者六十七通を発送し（五）毎朝講堂にて皇軍の武運長久を祈念し，氏神其他に代表者を参拝せしめ，戦没者に対しては毎朝職員在院者と共に追善回向をなし（六）不用品の献納，新聞雑誌の寄贈等各自思ひ思ひの誠意を致し更にラジオ体操を行ふこと七月二十日までに三十四日に及んだ。」[16]

「和泉養老院（同前）　本院は事変発生以来本院関係者及別所町出征者の応召出発を見送り，公葬への参列，留守家族慰問，軍人後援会応援，廃物利用の実

施指導を為し、在院老者もその力に応じ非常時の意味を了解し、特に七月七日の一周年記念日には戦病死者の英霊追悼並に出征将兵の武運長久の祈願を行ひ岸和田市社会課長其他一般有志の参列あり、講堂にては時局講演会を開き殉国将士の実歴談にて盛会を極めた。」[17] 等の報告があり、養老院といえども戦争へ協力し、困窮に耐えていく日々が続いた。

2. 養老院の公衆衛生

戦時下においては病人も多くなり、1940（昭和15）年度の「別府養老院」の年次報告書に記載された「創立以来入院状況　昭和十六年三月末日調」には、「入院」200名、「死亡」134名、「除数」38名、「現在」28名とあり[18]、死亡者の多い点が目を引く。公衆衛生の面で劣悪な状況下にあった次の文章を引用すると上記の点が理解できる（表3-3, 4, 参照）。

表3-3　創立以来入院状況　昭和十六年三月末日調

性別＼種別	入院	死亡	除数	現在
男	98	64	21	13
女	102	70	17	15
計	200	134	38	28

出所：『昭和十五年度別府養老院年報』p.9

「身体の不自由な入所者にとっての楽しみは何といっても入浴でした。朝食後の作業や雑用も一段落すると打ち揃って富士見通りの富士見湯に入湯ということになるのですが、いつも『爺組』の入浴後はシラミの大群が脱衣箱から浴槽で遊泳し、ついに"養老院シラミ事件"として地区民からの苦情の的となりました。しかしこの問題も『毎日午前十時の浴場掃除前に入浴をすますこと』との好意ある条件で解決したのでした。

当初から廃材で建設した養老院だけに老朽も進み、格好のノミやシラミの住み家となったようで、行路病者の老人の衣服に取りついたまま連れて来られた

表3-4　入院者郡市別表

都市別	入院	死亡	除数	現在
別府市	50	31	11	8
速見郡	16	15	1	
大分市	16	13	1	2
大分郡	12	8	2	2
中津市	11	6	1	4
下毛郡	4	2	2	
宇佐郡	13	7	2	4
西国東郡	6	6		
東国東郡	2	2		
北海部郡	14	9	2	3
南海部郡	5	4		1
大野郡	8	3	4	
直入郡	4	3	1	
玖珠郡	2	1	1	
日田市	1			1
日田郡	2	1		1
他府県	34	23	10	1
計	200	134	38	28

出所：『昭和十五年度別府養老院年報』p.10

りするため絶えることがなかったのです。余程注意してもシラミは病弱者には発生もひどく，冬の長い夜を眠れぬまま苦痛を訴え，シラミに嚙み殺されるのではないかという感じでした。衣服を脱がせて見ると背中一面にいて，嶺雄などは一匹ずつ殺してもはじまらないと，手で寄せて退治するのですが，雲丹の瓶に毎日いっぱいになってうんざりしました。洗濯しての日光消毒などではもちろん追いつかず，下着を大釜に入れて煮るのです。色物も一緒に煮るのですから，折角新しいのを縫って着せても全部変な色に染まってしまいます。この燃料集めも一苦労でした。道路を歩けば目にとまる木片から，嵐の翌朝には海辺に打ち上げられた流木を拾い，また野口の墓地に出かけても抜き捨てられた

枯花を集めて帰ったものでした。

　こうした徒労とも思える涙ぐましい努力の続く中で，昭和十年六月には浴場が新設されました。"シラミ事件"以来，気兼ねしながら富士見温泉へ通わせる老人のことばかりでなく，地元の人に不快な思いをさせてはと気づかってきた嶺雄でしたが，養老婦人会でも院内の浴場建設計画が具体化，温泉乱掘防止からなかなか県の許可もおりない情勢の中，昭和九年七月知事の認可がおり穿掘工事が始まりました。翌年四月二十三日生温かいとはいえ湯気のあがる温泉の湧出を目のあたりにした老人たちは，自由な時間に気ままに入れる"内湯"誕生の日も間近と大喜びしました。

　シラミとの苦闘が終息を見たのは昭和二十六年頃だったでしょうか，化粧石鹸や洗濯石鹸が充分に出回るようになってからでした。ノミも異常発生したことがあります。終戦直後のことでしたが，老人の居室に入った途端に砂鉄が磁石に吸い付くようにワッと両脚にとまるのです。床下に石灰を散布し畳の下に薬を敷いたり大変でした。富士見時代はこうした困難が次々と発生し，これらの解決のための苦労は並大抵ではありませんでした。」[19]

　上記のような実態から，矢野嶺雄は1934（昭和9）年7月23日に附属消毒所を設置した。1934（昭和9）年10月には「別府養老院　創立十周年記念事業　別府消毒所新設概要」というB4版の印刷物（パンフレット）を作成している。1938（昭和11）年度の年次報告書には以下の消毒所案内が掲載されている。

　「消毒所案内
一，位置　別府養老院内
二，名称及効力
　　イ，TK式蒸気消毒器（東京　勝倉製作所）
　　ロ，衣類寝具一切消毒ヲ完全ニ致シマス
三，一回ノ消毒能力時間及方法
　　イ，消毒缶の容積　丸型
　　　　直径三尺，長サ四尺（重量＝百貫）蒲団ガ一度ニ四五枚位入リマス

ロ，時間　一回ノ消毒ニ要スル時間ハ約二時間
　ハ，方法先ヅ百度ノ蒸気ヲ作リ（一時間）次ニ消毒シ（約三十分間）最後ニ乾燥シマス（約三十分間）
　　▲只一個ノ「ハンドル」ノ回転ニヨリ消毒乾燥ガ自由ニ其ノ目的ヲ達セラレマス
四，使用料
　イ，一金壱円五拾銭　　消毒缶一回使用料及運搬料共
　ロ，無料　　　　　　　救護法ニ拠ル，カード階級者
　　▲市内ハ遠近ヲ問ハズ電話，葉書等ニヨリ申込次第消毒車（甲桃色）ヲ持ツテ参堂シ，立派ニ消毒ガ出来タ品ハ消毒車（乙青色）ヲ持ツテ配達致シマス
　　▲次ニ消毒室ハ未消毒室，既消毒室ノ完全ナル密閉ヲ行ヒ細心ノ注意ヲ払ツテ其ノ目的ヲ達スル様設備シテアリマス
●家屋病室ノ出張消毒
一，噴霧消毒　十坪迄金壱円五拾銭トス
二，フオルマリン瓦斯密閉消毒
　　建物五坪迄ハ金弐円トシ以上壱坪ヲ増ス毎ニ金四拾銭ヲ加フ
　　『消毒ハ養老院ヘ』　　　　　　　電話　一一二六番」[20]

　また，1937（昭和12）年10月にはB5版の印刷物（パンフレット）が作成され，蒸気消毒器の写真も掲載している。1939（昭和14）年度の年次報告書には，「日記抜粋」として，「十月十一日　消毒所宣伝ビラ二千枚新聞折込」[21]と記載されている。戦時下ゆえに養老院の消毒所が機能するという皮肉な現象であり，それがひとつの「別府養老院」の創作的産物であった。
　1932（昭和7）年，「浴風会」（東京）に事務局をおいた「全国養老事業協会」には，全国の施設や団体から多くの書籍，あるいは資料等の寄贈があった。雑誌『養老事業』では「受贈書目」の頁を設けてそれらを掲載しているが，例えば第21号の一部を紹介すると次のようになる。

「一，社会時報　京都府社会事業協会　　一，兵庫県社会事業　兵庫県救済協会　　一，育成　小樽育成院　　一，友　友社　　一，関西医界時報　関西医界時報社　　一，福岡養老院事報　福岡養老院　　一，護国時報　京都養老院　　一，共存　函館慈恵院　　一，前橋養老院事業報告　前橋養老院　　一，佐賀養老院事業報告　佐賀養老院」[22]

上記『福岡養老院事報』等は施設の年次報告書であるが，「別府養老院」においても 1926（大正 15）年から 1942（昭和 17）年まで年次報告書『別府養老院年報』を発刊した。ただし財源難によるのか年次報告書は 1941（昭和 16）年度（昭和 17 年発刊）をもって作成されていない。矢野嶺雄と親交の深かった川添諦信が施設長を務めた「佐世保養老院」においても，年次報告書は 1941（昭和 16）年 8 月発刊を最後に休止している。

「別府養老院」の最後の年次報告書には次の短文が載せられた。

「何デモ養老院ヘ　古着布団類，漬物，魚ノアラ，残物薪其他何デモ廃物ヲ養老院ヘ御寄贈下サイマセ，ソレゾレ消毒又ハ洗濯ヲ加ヘ，食物ハ更ニ調理ヲ加ヘテ頂キマス　電話一，一二六番ニ其旨ヲ知セテ下サレバスグ伺ヒマス」[23]

このような短文は養老院の地域化の視点，あるいは広報性も考えられようが，困窮化した施設の実態の一断面といってもよいと思われる。しかし，空腹に耐えながらも養老院は戦争に協力しなければならなかった。先に一部示したが，現在の施設に保存されている手書き史料に次のような文章がある。

「予は深く感ずる所あって佛祖の許しを受け多少の非難を甘受する覚悟を以て謹んで之を裁し「お守袋」を作って我が出動将兵に送り其の武運長久を祈りたいと思ふ。然しかかる行為を敢て望む者ではない。現下の非常時局に鑑み佛陀や祖師の精神に還れと念願して止まぬ者である。

◎　「お守袋」作成及贈呈方法

一，作製数　　1．袈裟ノ方七百袋　2．法衣ノ方八百袋位

二，作製方法　市内各婦人会員諸士ニ依嘱ス

三，作製場所　別府養老院

四，贈呈方法　1.代表者ハ御守袋ヲ持ツテ宇佐神宮ニ詣シ御祓ヲ受リ
　　　　　　　2.各学区内婦人会幹部ニ託シ出動将兵ノ家庭ヲ慰問シ之ヲ贈呈，而シテ其家庭ヨリ将兵ヘ郵送ヲ依頼ス
　　　　　　　3.残リ分ハ今後出動スル方ノ為メニ豫メ之ヲ除シ他ハ大分連隊又ハ赤十字社看護婦ヘ贈呈ス

昭和十二年十一月九日

別府養老院長　矢野嶺雄」

　同月16日になると，法衣を御守袋にして出征兵士に贈っている[24]。矢野は上記手書き史料に「然しかかる行為を敢て望む者ではない」と述べているが，曹洞宗僧侶としての思いとは裏腹に国家総動員による臨戦体制化の中で，ひとつの地域の社会資源として養老院も機能していかざるを得なかった。

◆第4節　おわりに◆

　先にも示したが，「養老婦人会」は別府市在住の80歳以上の高齢者を施設等に招待して「敬老会」を開いたり[25]，地域高齢者の為に浄瑠璃による「慰安会」も開いた。こうした在宅の高齢者をも視点に入れた養老院の実践は，「別府養老院」ならではの実践的固有性として位置づけられる。しかし，「社会事業法」施行以降の「別府養老院」の原史料に「敬老会」開催の記録は残っていない。

　具体的なサービスを提供するという施設の地域化，社会化という側面は皮肉にも「敬老会」「慰安会」という生活者への"くつろぎ"，"うるおい"のサービスから，「消毒所」を設置して地域社会の公衆衛生に貢献するという大きな転換を示した。1939（昭和14）年度の年次報告書には「消毒所宣伝ビラ二千枚新聞折込」[26]の記録が残っているが，ひとつの養老院がこのようなサービスを提供するというのも，戦時下から生まれた生活者に対する悲愴的サービスであり，同時に「別府養老院」の実践的固有性であった。また，「養老婦人会」とともに法衣をお守袋にして出征兵士に贈るという行為を曹洞宗僧侶として矢野

は「然しかかる行為を敢えて望む者ではない」と述べているが，軍事政策の中で，この点は養老院が選択しなければならなかった行為であり，困窮化する施設の苦悩の実践であった。

1944（昭和19）年8月，「学徒勤労令」「女子挺身隊勤労令」が施行され，10月には満18歳以上を兵役に編入させた。翌1945（昭和20）年3月には東京大空襲が始まり，4月，アメリカ軍が沖縄に上陸する。そして8月6日，広島に原子爆弾が投下された。「広島養老院」は焼失し，その実践の歴史に幕を下ろした。「別府養老院」は難を逃れ，現在に至っているが，戦前の原史料は，決して繰り返してはならない人間の行為を教えてくれるものであり，歴史的視点から21世紀の精神文化，共生社会を学ぶ遺産である。

〈注〉

1) 拙稿「別府高齢者総合ケアセンターの成立発達史」『福祉文化研究』Vol. 8, 1999, pp. 73~87 を修正，加筆した。
2) 矢野春海『黙々茨道譚』（非売品），1985, pp. 41~42
3) 木村武夫『日本近代社会事業史』ミネルヴァ書房，1964, p. 133
4) 『昭和十三年度 別府養老院年報』別府養老院，1939, p. 1
5) 厚生省五十年史編集委員会編集『厚生省五十年史（記述篇）』財団法人厚生問題研究会，1988, p. 473
6) 『日本社会事業年鑑 昭和十三年版』, p. 72
7) 『日本社会事業年鑑 昭和十四・五年版』財団法人中央社会事業協会, p. 77
8) 『日本社会事業年鑑 昭和十七年版』財団法人中央社会事業協会社会事業研究所，1943, p. 48
9) 『日本社会事業年鑑 昭和十八年版』財団法人中央社会事業協会社会事業研究所，1994, p. 37
10) 『昭和十二年度 別府養老院年報』別府養老院，1938, p. 11
11) 『洗心会六十年のあゆみ』社会福祉法人洗心会，1985, p. 11
12) 同上書, p. 11
13) 各年次報告書より計算
14) 小笠原祐次「公的救済の開始と施設の増設」全国社会福祉協議会老人福祉施設協議会編『老人福祉施設協議会五十年史』全国社会福祉協議会，1984, p. 86
15) 『養老事業』第14号，全国養老事業協会，1938, p. 56

第4節　おわりに　　55

16)　同上書，p. 58
17)　同上書，p. 58
18)　『昭和十五年度　別府養老院年報』別府養老院，1941，p. 9
19)　矢野春海，前掲書；pp. 63〜65
20)　『昭和十一年度　別府養老院年報』別府養老院，1937，pp. 32〜33
21)　『昭和十四年度　別府養老院年報』別府養老院，1940，p. 29
22)　『養老事業』第21号，全国養老事業協会，1940，p. 24
23)　『昭和十六年度　別府養老院年報』別府養老院，1942，p. 15
24)　『洗心会六十年のあゆみ』前掲書，p. 13
25)　第3回敬老会（1928年11月18日）は市内北浜の「鶴水園」で開催している。
26)　『昭和十四年度　別府養老院年報』別府養老院，1940，p. 29

第4章

福岡養老院と支援組織

◆第1節 はじめに◆

　一番ヶ瀬康子は「福祉文化とは何か」の中で「福祉文化の研究は，実践を基盤にして，真にそれが実践されたとき，はじめて意味をもつものである。」[1)]と指摘する。つまり観念的思考ではなく，実践の繰り返しの中から，あるいは実践者の日々の人間的模索活動の中から，地域に浸透する地域福祉は形成されていくのである。この地域福祉の実践を，歴史的視点から論述すると，例えば施設という存在は，ひとつには地域における偏見や誤解を払拭し，いかに地域化するかといった創作的福祉活動が課題となってくる。過去の歴史の中の創作的活動は現代的社会とその時代との国家体制等の違いにより，全面的肯定あるいは否定できるものではないが，実践者の創作的独創的活動によっては評価に値するものもみられる。この創作性は時には制度上の社会福祉の枠を超え，独自の地域活動によって福祉文化を形成する。よって歴史的視点からの施設研究においては，その場における実践的固有性をひとつの文化形成として模索的に研究することに価値は存在すると考える。

　上記の視点から本章は昭和初期の養老院における支援組織について考察し，ボランタリーな精神からいかなる支援活動が展開し，そこにどのような地域文化活動がみられたのか，ミクロの立場からひとつの施設を基盤に論述する。

◆第2節 戦前の養老院の特徴◆

　大正期から昭和初期にかけて創設された養老院のひとつの特徴として，仏教

関係者等の団体による組織的合意によって，その団体の事業あるいは付帯事業として始められた施設がある。例えば「佐賀養老院」は「仏教婦人会」の付帯事業として設立された。一方，個人の意志によって創設し，それを支える組織が形成されていくというケースもみられた。川添諦信による「佐世保養老院」は「佐世保仏教婦人救護会」，矢野嶺雄による「別府養老院」は「養老婦人会」によって支援されていた。つまり仏教関係者とは限定できないが，関係団体，組織から形成される施設と，個人の熱意から生まれ，それを支援する組織化が図られた施設とに大別されるところに当時の特徴があった。

　本章で論述する「福岡養老院」（現在の博多老人ホーム）は，上記の意味では前者に該当する施設といえるものである。4代目施設長である水嶋劔城は設立当時のことを次のように述べている。

　「福岡市に仏心会が発足したのは大正七年のことである。会員の一人に荒津長七さんという株屋さんがいて，この方は奇特な人で五年間に五万円を社会事業に寄付したいと，市内の曹洞宗寺院に申し出られた。当時は五万円という金額は莫大な基金であった。

　曹洞宗寺院会議が重ねられ，当時市内の万行寺に孤児院があったが，養老院はどこにもなかったので，これを動機として養老院を建設することが決議された。

　大正十一年十二月一日に名称を福岡養老院として発足。現在の福岡市西区七隈に施設予定地を求め，当面は仮施設を湊町の酒屋さんの倉庫を借りて，身寄りのない一人の老人を収容して運営を始め，院長（理事長）には私の師僧である上野瓶城師が就任された。これをご縁に私は院長の随員として，また仏心会の一員として何かと養老院に出入する機会を得た。これが日本で八番目にできた養老院である。」[2]

　上記の文章からも理解できるが，「仏心会」あるいは「曹洞宗寺院会議」のように組織化された集合体から「養老院を建設することが決議」されたのであった。その後1928（昭和3）年に支援組織「星華婦人会」が誕生する。

◆第3節　財団法人化と支援母体◆

1935（昭和10）年3月に発刊された『福岡県社会事業要覧』には「福岡養老院」について以下のように記されている。

「福岡養老院
一，名称　　　財団法人福岡養老院
二，所在地　　福岡市大字平尾六百三十番地
三，目的　　　自活スルコト能ハザル無告ノ老人ニ衣食住ヲ給与シテ天寿ヲ全ウセシムルヲ以テ目的トス
四，創立年月日　大正十一年十二月福岡仏心会付属事業トシテ設立昭和二年九月財団法人組織トナル
五，代表者職氏名　院長　高階瓏仙
六，組織　　　財団法人
七，従事者職氏名　主事　古野義雄　扶養者　古野ハル　炊婦　三根ツイ　扶養助手　三根ツモ　常備夫　山道繁雄
八，事業ノ概況　収容者ハ年齢六十歳以上ノ老人ニシテ扶養者ナキ無告ノ老人並ニ救護法ニ依ル市町村ヨリノ依託救護者ニシテ常ニ三十名内外ノ老廃者ヲ収容救護セリ

収容室ハ大小十二室アリテ各室ニ二名乃至四名宛収容セリ定員ハ四十名ナリ被救護者ハ年齢七十歳以上ノ者多数ヲ占メ殆ンド作業ニ堪ヘ得ザル老廃者ナリ従ツテ一定ノ作業ニ服セシムル等全ク不可能事ニテ僅カニ男女共健康者ヲシテ任意ニ庭園菜園ノ手入，洗濯，掃除等ヲナサシムル程度ナリ

毎月一回市内曹洞宗寺院住職其ノ他来院読経ノ後宗教講話ヲナシ又毎月十五日ニハ特ニ僧侶ヲ講ジ法話ヲ聴聞セシメ以テ精神ノ慰安ヲ与ヘ尚主事ヨリ随時講話教養シ感謝ノ生活ヲ送ラシメツヽアリ」3)

表4-1　創立以降入退成績（自大正十一年十二月至昭和十二年三月）

年次＼種別	大正一一		一二		一三		一四		十五		昭和二		三		四		五		六		七		八		九		一〇		一一		計	
性別	女	男	女	男	女	男	女	男	女	男	女	男	女	男	女	男	女	男	女	男	女	男	女	男	女	男	女	男	女	男	女	男
入院	〇	一	七	五	六	三	二	二	三	五	六	四	三	二	六	二	六	七	一九	六	七	七	六	四	九	一	八	一	〇	六	一九	一〇三 八四
退院	〇	〇	一	一	〇	一	二	三	〇	一	〇	一	二	二	〇	〇	〇	〇	一	二	一	一	〇	二	一	一	一	一	二	一	六	一六
死亡	〇	〇	〇	三	一	三	五	三	五	五	四	四	四	一	五	四	六	一	三	四	九	七	六	六	六	四	四	八	五九	六〇
年度末現在	一		四		一〇		一二		一七		二三		三四		三〇		三〇		三〇		二五		三〇		三二		三九			

出所：『昭和十一年度財団法人福岡養老院事報』昭和十二年六月二十日, pp.13〜15

　前記に記載されているように「大正十一年十二月福岡仏心会付属事業トシテ設立昭和二年九月財団法人組織トナル」とある。つまり，1922（大正11）年の暮れに設立され，1927（昭和2）年には既に財団法人化されているのである[4]。また前記には「従事者職氏名」が「主事」「扶養者」「炊婦」「扶養助手」「常傭夫」として記載されている。つまり，設立の初期の段階で法人化が実現し，昭和期には養老院としての機能は確立していたと思われる。表4-1には「創立以降入退成績」を示しているが，1925（大正14）年度には高齢者が20人を超えていた。表4-1は1937（昭和12）年6月に発行された年次報告書であるが，活版印刷で48頁にも及ぶ出版物であった。こうした報告書を毎年発行できたのも福岡県内曹洞宗寺院住職によって組織された「福岡仏心会」の事業として施設が企画され運営されてきたからである。つまり，確固たる支援母体が形成されている所に「福岡養老院」の固有性と同時に運営上の力があったといえよう。

　年次報告書には「福岡仏心会」の「会報」が記載されその活動内容が報告さ

れていた。

「福岡仏心会々報

講話会並参禅会

　山田霊林師招聘左記の通り座禅を中心としたる講演並参禅会開会参加者無慮三百名非常な盛会裡に散会した。

禅学講演会（聴講無料）

一，講師　山田霊林師
一，演題　人生行路を禅に聞く　　十一月廿七日午後七時より―福岡市記念館にて
一，時と所　十一月廿八日午後七時より・十一月廿九日午後七時より―市内材木町安國寺にて

参禅会（座禅と提唱）

一，指導　山田霊林師
一，日時　十一月廿八日・十一月廿九日・十一月卅日―午前六時半より午前八時迄
一，場所　材木町　安國寺
一，会費　一金二拾銭（朝食に浄粥を差上げます）
（注意）　食事準備の為十一月廿七日迄に葉書なり電話なり便利な方法で事務所迄御申込み下さい。定員二百名を越すと〆切ります。会場からすぐに学校なり会社なりに出勤出来ます。

成道会

　福岡市内曹洞宗各寺院住職並会員多数出席参禅会開催大聖釋尊大悟の故事を偲び有意義に一夜を過した。」[5]

　「福岡養老院」の施設長は「福岡仏心会」の中から任命されており，初代院長は上野瓶城（大正11～14），二代目高階瓏仙（大正15～昭和17），三代目梅田隆全（昭和17～20），四代目水嶋劔城（昭和20～39）が務めている。「福岡仏心会」に関する原史料が発掘されていないため，正確な分析ができないが，「福

岡養老院」が1922（大正11）年12月に創設された背景には支援母体として位置づけられる「福岡仏心会」が1918（大正7）年に形成されたことに起因していることは否定できない。同時に「福岡養老院」を運営する母体であった。

◆ 第4節　福岡養老院の概要 ◆

　年次報告書から「福岡養老院」の概要を記せば以下のようになる。
「福岡養老院事業概要
一，創立　大正十一年十二月一日
一，組織　財団法人（昭和二年九月七日認可）
一，位置　福岡市大字平尾六百三十番地
一，目的　自活する能はざる貧困無告の老廃者を収容し老後の余生を安静に送らしむるにあり
一，事業　本院は前記の目的を達するため左の事業を行ふ
　　　　◇収容所を設け老後の安静生活に必要なる凡ての施設をなし左記事項の該当者に限り収容救済す
　　　　◇年齢六十歳以上の自活能力なく扶養者なき貧困無告の老廃者にして入院希望の者但無病殊に伝染性疾患なきものに限る
　　　　◇救護法の適用を受けたる者にして市町村長より収容救護を依託せられたる者
一，処遇　収容者中健康なる男子は庭園の掃除菜園の手入婦人は把針掃除等任意の作業によつて身体の運動をとらせ精神的には院長その他の有益なる法話を聴聞せしめて慰安を与へ安静なるその日その日を送らしむ又病気にかゝりたる時は十分に医薬の手当をなし若し死亡すれば葬式は勿論後々の仏事供養も懇ろにして精霊を慰め聖世の恩恵と仏陀の慈悲に浴せしむ
一，維持　宮内省御下賜金。諸官衛慈善財団の補助金，助成金。特志寄付金品。月次寄付金品。勧募寄付金品基本金利子等

一，設備　敷地総坪数　九百二十五坪，建物総坪数　三百十三坪〔礼拝堂一，
　　　　　収容室十二室，病室二（定員四〇人）〕
一，入院手続　救護法に依り市町村に於て被救護者の収容救護を依託せられる
　　　　　場合は戸籍謄本又は救護台帳写に依託書を添へ申込むこと
　　　　　単独又は紹介に依るものは入院願に戸籍謄本身体検査書添付提
　　　　　出せしめ調査の上入院を決定す」6)

　また上記の報告書から施設の沿革を示せば以下のようになる。
　「大正十一年十二月福岡仏心会の事業として福岡市南港町に民家を借入れ創立。爾来入院希望者の増加に伴ひ拡張し，昭和二年九月，組織を財団法人に改めて経営し，豫て院舎敷地として購入してゐた福岡市大字原は，交通が不便であるから，これを売却し，交通便利の地を選びて更に院舎建築の計画を立て，現在の大字平尾に新敷地を購入し，官公署，慈善財団の補助助成，並に一般特志家の寄付により，昭和四年現院舎の新築を竣りて移転，同七年一月礼拝堂の建設を以て第一回の事業計画を終つたのであります然るに一特志家より礼拝堂建築の指定寄付に接したので十年二月よりこれが建築工事に着手し又同年八月病室建築の工事を起し共に十二月落成今日に至る」7)

　上記の年次報告書が発行された1937（昭和12）年には「福岡養老院」は「救護法」による「救護施設」として法制度上は機能していた。「福岡養老院」が何時「救護施設」として認可されたかは定かでないが，福岡県で最初に設立された高齢者専用の施設であり8)，設立当初から順調に機能していたことを考慮に入れても，「救護法」施行後の早い時期に認可を得ていたと推測される。表4—2には昭和13年度の歳入出予算を示しているが，「依託救護交付金　一，二〇〇」が「救護法」における「救護費」に該当する。ただこの数値は予算であり，年次報告書には決算が記載されていないため，正確な施設運営上の金額はわからない。いずれにしても「救護費」が支給されていたことは確かであり，上記の概要においても「救護法の適用を受けたる者にして市町村長より収容救護を依託せられたる者」と記載されている。

第 4 節　福岡養老院の概要

表 4-2　昭和十三年度歳入出予算

昭和十三年度歳入出予算		
一, 歳入		
第一款 財産収入	基本金利子	五八〇円
第二款 事業収入	依託救護交付金	一,五八〇
第三款 補助金	一, 県補助金	二,二〇〇
	二, 市補助金	四七〇
第四款 助成金		九五〇
第五款 寄付金	一, 篤志寄付金	二五〇
	二, 托鉢寄付金	九五〇
第六款 繰越金	前年度繰越金	三,三三五
第七款 雑収入	雑収入	一,三六五
歳入計		九,二二〇
一, 歳出		
第一款 事務所費	諸給	二,一五〇
		一,五八〇円
第二款 需要費	一, 事業費	五,〇七〇
	二, 賄費	一,五一八
	三, 被服費	一,三六八
	四, 医療費	四一二
	五, 備品費	一,二六〇
	六, 消耗品費	四八〇
	七, 慰安費	二一〇
第三款 葬祭費		四五〇
	雑支出	六五
	一, 家屋管理費	二五〇
	二, 諸税	一四
	三, 広告費	六〇
	四, 雑支出	六〇六
第四款 繰戻金	基本財産繰戻金	一,六〇〇
第五款 建築費	敷地購入費	九,六二〇
	煉瓦堀築造費	五,三三二
第六款 予備費	予備費	四三〇
		二〇〇
歳出計		九,〇八〇

出所:『昭和十二年度財団法人福岡養老院事報』昭和十三年六月三十一日，pp.7～10

　現存する年次報告書で最も古い昭和11年度には内務省の奨励金の記録も残っている[9]。国の助成金は1908（明治41）年から内務省が優良施設に奨励金のかたちで交付してきたが，この奨励金も「福岡養老院」では早い時期から交付されていたと予測される。また国の軍事政策に協力させるための指導監督的立法として「社会事業法」が1938（昭和13）年に施行されるが，「福岡養老院」の年次報告書にも，例えば『昭和十四年度　財団法人福岡養老院事報』に「補助金　金壱千壱百円厚生省補助金」と記載されている。昭和14年度の補助金の全国平均額は831円であったことから[10]，「福岡養老院」への交付金は幾分

高額であったことがわかる。また前記の昭和14年度の年次報告書には，御下賜金，岩崎家助成金，木村家助成金，曹洞宗務院助成金，福岡県補助金，福岡市補助金も記されている[11]。このように施設の運営は軌道に乗り，福岡において確固たる社会的機能を果たす施設として維持されていたと思われるが，その内実には施設関係者とともに施設を支えた「星華婦人会」という支援組織の実践的努力があったことを忘れてはならない。

◆第5節 星華婦人会◆

残念なことに「星華婦人会」に関する原史料はほとんど残っていない。現存する昭和11年度以降の年次報告書，あるいは「博多老人ホーム」内に一部保存されたものもある。ただし，1929（昭和4）年創設時の福岡市南港町から福岡市平尾に新築移転，1945（昭和20）年の福岡空襲，戦後1964（昭和39）年に現在の東区三苫に移転する過程で多くの原史料が紛失，消失したといわれている。よって限られた史料のもとに論述することになる。

「星華婦人会」の原点は1926（大正15）年10月3日，「曹洞宗連合婦人会」の発足から始まる。1928（昭和3）年10月には「曹洞宗連合婦人会」を「星華婦人会」と改称し「福岡養老院」に尽力する方針が打出された[12]。また1929（昭和4）年4月15日施設が市内平尾630番地に新築移転し，同年4月29日には「星華婦人会」の会則を改め，「福岡養老院」の援助に尽力することを決定した[13]。以来毎月29日に養老院慰問と春秋二期に托鉢により物資を養老院に寄付することとなった。この活動には支援母体である「福岡仏心会」の住職，専門僧堂員等も参加協力した[14]。地方機関紙『共栄』に次のような記事が載っている。

「養老院援助托鉢

福岡市曹洞宗星華婦人会では福岡養老院援助のため十月廿二日，三両日会員並に市内組合寺院の方丈及明光寺，安國寺の雲衲達と共に僧俗百数十名を以て福博各町に托鉢を行つたが，各方面の喜捨多く現金三百七十一円余及白米二十

俵の浄財を得て之を養老院に寄付，維持費に供した」[15]

「福岡養老院」4代目施設長である水嶋劔城[16]は，戦後，次のような文章を記している。

「星華婦人会による援助

仏心会の托鉢には星華婦人会のめざましい貢献があったことを感謝している。

昭和三年，曹洞宗婦人会が星華婦人会と改称されて，養老院に尽力する方針が打ち出された。以来十七年間，仏心会の托鉢に婦人会員が百名程参加され，封筒を事前に配って，「お年寄りのために，ご援助をお願いします。」という趣旨を伝え，托鉢の日に封筒を集めて廻ったのである。

昭和四年には婦人会から養老院金一封と米十四俵，同五年には金三三九円と米十九俵，六年には金三四五円と米十九俵と衣類の寄付があり，この事は昭和二十一年まで実に十七年間の長きにわたり奉仕された。今日の共同募金制度以前に，すでに同じ趣旨のもとに募金活動が行われていたのである。また，毎月二十九日には，天皇誕生日を記念して養老院慰問が行なわれ，身寄りのない老人たちは婦人会員のやさしい心に涙する場面が各所に見られた。今日の老人ホームが存在するのも過去にこのような並なみならぬ援助と奉仕があったことを私は忘れない。」[17]

1937（昭和12）年7月「盧溝橋事件」が起きた。11月には「日独伊防共協定」が成立。1938（昭和13）年4月「国家総動員法」が公布され，翌1939（昭和14）年3月から軍事教練が強化された。同年7月には「日米通商条約」破棄，8月「日英会議」決裂，9月には「第二次世界大戦」へと突入した。こうした戦時体制の中にあっても「星華婦人会」の活動は続けられ，上記，水嶋の文章によると「昭和二十一年まで実に十七年間の長きにわたり奉仕された」と記されている。現存する年次報告書には「星華婦人会」の項目が毎年載せられており以下のような内容であった。

「星華婦人会の行事

慰問日　毎月二十九日は晴雨に拘らず市内曹洞宗各寺院の住職方や会の幹部を初め会員多数の慰問に与りますので入院者一同此の日を待ちわびて居ります。

当日の行事読経，法話，慰問品菓子煙等の贈与

養老院慈善托鉢　星華婦人会主催のもとに十月二十九日同三十日の二日間に亘りて誦経の声も厳かに，安國寺，明光寺をはじめ曹洞宗九ヶ寺の方丈雲衲方総動員の先達につれ随喜の御婦人方が甲斐々々しい足ごしらへで市内を廻られました。

頼りない憐れな老人達のために燃立つお情けの托鉢は有難くも亦尊い極みでありましたが，中には七十才からの御老人も参加せられての御托鉢はまことに涙ぐましい次第で，二日目にはお腹が痛く足取りも随分お疲れの方も見受けられ痛はしくも亦床しいことでありました。寄附金は寄付米其他と共に直に養老院に寄付されました。」[18]

戦時下の中にあって，こうした活動は高齢者の心を和ませるだけでなく，地域への多面的影響があったと考えられる。戦前期の養老院に対しては地域住民の偏見や誤解も多く，特に創立当初は施設関係者の地域化社会化への献身的活動が多くみられた。それはひとつには広報的視点としてパンフレットのような小冊子を作成することもあった。例えば第1章でとりあげた「佐世保養老院」では『佐世保養老院其内容』という30頁にも及ぶ小冊子を支援組織である「佐世保仏教婦人救護会」が1927（昭和2）年に発行している。「福岡養老院」の「星華婦人会」では，托鉢を行った後には以下のような報告を兼ねた礼状を発行し地域住民に配布している。昭和12年に作成されたものが現存しているので以下に記す。

「拝啓　菊花清朗に誇るの候愈々御祥福之段奉慶賀候陳者今般星華婦人会主催の福岡養老院慈善托鉢に就ては非常時出費多端の際にも不拘特別の御同情を以て多分の御喜捨を賜り厚く御礼申上候御陰様にて左記の如き好成績を挙げ候に付御礼旁々御報告申上候

一，金五百六拾弐円八拾七銭八厘也
一，白米拾六俵弐斗参升

　　昭和十二年十月三十一日　　　曹洞宗星華婦人会
　　　　　　　　　　本部　　市内馬出妙徳寺内」

　上記のものは活版印刷，たて14cmあまり，よこ9cmのハガキサイズのものであるが，活動結果をこうしたかたちで報告し，配布するだけの組織力，機動力が「星華婦人会」には保持されていた。

◆ 第6節　おわりに ◆

　「星華婦人会」に関する原史料に限らず，「福岡養老院」に関する原史料はほとんど現存していない。ただ幸いなことに，年次報告書である『福岡養老院事報』が昭和11年度（昭和12年発行）から昭和22年度（昭和23年発行）まで残っている[19]。この『事報』が戦火の中で消失しなかったことが戦前期の「福岡養老院」を繙く要因となった。

　周知のとおり，1938（昭和13）年3月31日法律第59号として「社会事業法」が公布され7月1日から施行された。「社会事業法」は民間社会事業施設への補助金あるいは地方税免除を規定した社会事業基本立法であるが，本質的には戦時下において社会事業を国の政策に協力させる強制的統制立法であった。上記「福岡養老院」の年次報告書である『事報』にも「厚生省補助金」として，昭和14年度「金壱千壱百円」[20]，昭和15年度「金壱千五拾円」[21]，昭和16年度「金壱千円」[22]，昭和17年度「金九百五拾円」[23]，昭和18年度「金九百五拾円」[24]，昭和19年度「金壱千壱百円」[25]，と記載されている。

　こうした国からの補助金は物資の不足する昭和10年代の民間社会事業施設にとって貴重な施設運営上の財源であった。ただし，これによってすべて施設運営が成立するというものではなく，補助金は国家統制の飴であった。よって各民間社会事業施設は独自の手法で運営維持に苦悩するが，戦火の中で施設自体が消えてしまうこともあった。

表 4-3 昭和十五年度歳入出予算

歳入		歳出	
一、昭和十五年度歳入出予算			
歳入			
第一款 財産収入		第一款 雑費	
一、基本利子	六六〇円	一、諸給	九,三六〇
第二款 事業収入		二、被服費	八四八
一、依託救護料	二,〇四〇	三、医療費	一,四八
第三款 寄付金	四,二五〇	四、備品費	一,一四八
一、篤志寄付金	三,五〇〇	五、消耗品費	四,一八八
二、托鉢寄付金	七五〇	六、慰安費	三,一八
第四款 補助金	一,二七〇	七、葬祭費	七八
一、国庫補助金		八、基本積立金	一,八八
二、県補助金		第三款 積立金	
三、市補助金	六〇〇	一、営繕費積立金	六,二九
四、曹洞宗務院補助金	四五	二、雑費	二,六三
五、各種団体補助金		第四款 公課	一
第五款 雑収入	一,六〇〇	第五款 広告費	
第六款 繰越金	一,三〇〇	三、雑費	三,六〇〇
一、前年度繰越金		第六款 繰戻金	三,三〇
歳入計	一〇,二二〇	一、基本繰戻金	
歳出		第七款 繰越金	二,〇〇
第一款 事務(所)費		一、予備費	二,二〇
一、諸給	四,一四四円	歳出計	一〇,二二〇
二、需要費	六四八		

出所:『昭和十四年度財団法人福岡養老院事報』昭和十五年六月十日, pp.10〜13

　戦火の中なんとか生きつづけた「福岡養老院」は先にも記した支援組織である「星華婦人会」の草の根的活動の力が大きかった。表4―3には昭和15年度の歳入出予算を示しているが，歳入全体（一〇,二二〇円）中「四二五〇」円が「寄附金」である。この点においては年2回の「托鉢寄付金」と同時に「星華婦人会」の活動を基盤とした「篤志寄付金」の存在が大きかった。つまり「福岡養老院」の固有性はこうした支援組織（星華婦人会）と支援母体（福岡仏心会）によって支えられ，今日に至っている点を指摘せずにはおれない。支援母体プラス支援組織の融合的実践の中から，施設をとりまく地域において，宗教的力とともに実践的固有力が形成されていった。

第 6 節 おわりに

〈注〉

1) 一番ヶ瀬康子「福祉文化とは何か」一番ヶ瀬康子・河畠治・小林博，他編『福祉文化論』有斐閣，1997，p. 11
2) 水嶋劔城「私のなかの歴史」『月刊福祉』昭和54年1月号，全国社会福祉協議会，1979，p. 66
3) 『福岡県社会事業要覧　第六輯』福岡県学務部社会課，昭和十年三月三十日，pp. 85～86
4) なお，内務大臣への法人申請は大正12年，大正13年，昭和2年の3回行った。
5) 『昭和十四年度　財団法人　福岡養老院事報』昭和十五年六月十日，pp. 36～37「福岡仏心会」の「会報」は昭和14年度の年次報告書まで掲載された。
6) 『昭和十一年度　財団法人　福岡養老院事報』昭和十二年六月二十日，pp. 1～2
7) 同上書，p. 3
8) その後，福岡県では「小倉市慈善会」によって，1926（大正15）年「西山寮」が創設された。
9) 『昭和十一年度　財団法人　福岡養老院事報』昭和十二年六月二十日，p. 15
10) 厚生省五十年史編集委員会編集『厚生省五十年史（記述篇）』財団法人厚生問題研究会，1988，p. 473
11) 『昭和十四年度　財団法人　福岡養老院事報』昭和十五年六月十日，pp. 13～14
12) 『博多老人ホーム50年のあゆみ』社会福祉法人博多老人ホーム，1972，pp. 2～3
13) 同上書，p. 4
14) 同上書，p. 4
15) 『共栄』第五巻第十一号，福岡県社会事業協会，1932，p. 58
16) 水嶋劔城は1897（明治30）年福井県丹生郡織田町に生れる。明光寺住職上野瓶城の嗣法，大教師，赤紫恩衣，曹洞宗第三中学林卒業，金沢市天徳院僧堂大本山永平寺僧堂福岡市明光寺僧堂各安居，明光寺堂長，永平寺顧問，九州管区教化センター統監，福岡県司法保護司，福岡刑務所教誨師，福岡地区保護司会会長，福岡県社会福祉協議会養老部会会長等の要職を歴任した。（『曹洞宗現勢要覧』曹洞宗現勢要覧編纂部，1974，参照）
17) 水嶋劔城，前掲書，p. 67
18) 『昭和十八年度　財団法人　福岡養老院事報』昭和十九年七月二十日，pp. 27～28
19) 小笠原祐次は施設の年報等について次のように指摘する。「養老院には広報紙としての月報，年報などがある。こうした広報紙は，公表できることがらという限界はあるが，先にあげた養老院の生活を総合的に知る上では重要な資料といえよう。」小笠原祐次監修『老人問題研究基本文献集　解説』大空社，1992，p. 13

20)『昭和十四年度　財団法人　福岡養老院事報』昭和十五年六月十日, p.14
21)『昭和十五年度　財団法人　福岡養老院事報』昭和十六年七月五日, p.9
22)『昭和十六年度　財団法人　福岡養老院事報』昭和十七年六月十五日, p.9
23)『昭和十七年度　財団法人　福岡養老院事報』昭和十八年六月十五日, p.9
24)『昭和十八年度　財団法人　福岡養老院事報』昭和十九年七月二十日, p.9
25)『昭和十九年度昭和二十年度　財団法人　福岡養老院事報』昭和廿一年六月五日, p.7

第 5 章

「社会事業法」成立からの福岡養老院

◆ 第 1 節　はじめに ◆

　1938（昭和13）年1月11日,「厚生省官制（勅七）」及び「保険院官制（勅九）」が公布,施行され厚生省は誕生した。厚生省創設までの経緯において紆余曲折があったことはよく知られているが,1937（昭和12）年7月9日の閣議により,7月14日「保健社会省設置準備委員会」が発足していた。しかし,同年7月7日の「盧溝橋事件」によって軍事は拡大し,厚生関連の省庁の創設は一時期延期された。政府は1937（昭和12）年12月3日の閣議によって,枢密院に関係官制の諮詢奏請の手続きを行い,12月10日より枢密院は審査委員会を設け審議を開始した。その後,政府原案の撤回,修正が展開され,12月24日に再諮詢を奏請,結果的には名称も「保健社会省」から「厚生省」として創設されたのであった。

　本章では,厚生省誕生の経過を主題とするものではないが,時を同じくして1938（昭和13）年3月31日に公布され,7月1日から施行された「社会事業法」,その時代の高齢者福祉施設（以下,養老事業施設）について考察する。「社会事業法」第11条では「政府ハ社会事業ヲ経営スル者ニ対シ予算ノ範囲内ニ於テ補助スルコトヲ得」と規定し,民間社会事業に対して予算の範囲内で補助金が交付されることになった。国の補助金は1908（明治41）年から内務省が優良施設に奨励金を交付してきたが,表5—1に示すように「社会事業法」が制定された翌年から100万円に増加されている。勿論,「社会事業法」下においての奨励金の増額であり,民間社会事業としての養老事業にも大政翼賛的

72　第5章　「社会事業法」成立からの福岡養老院

表5−1　国庫奨励金下付状況（生活保護課調）

年度	団体数	金額
昭和二年度	二五一	五九、五〇〇円
同三年度	二八一	四一、五九〇
同四年度	三〇一	四三、一六〇
同五年度	三一一	三九、六〇〇
同六年度	四六九	三八、九六〇
同七年度	五二三	三九、六九〇
同八年度	五六二	一六九、九六〇
同九年度	五〇三	一六九、九六〇
同十年度	九〇三	一六九、九六〇
同十一年度	一、二〇三	一六九、九六〇
同十二年度	一、三二四	一、五九〇、〇〇〇
同十三年度	一、七二三	—
同十四年度	—	—
同十五年度	—	—
同十六年度	—	—

出所：『日本社会事業年鑑（昭和十八年版）』pp.36〜37より引用，作成

役割を担わされ，特に戦時下の施設運営あるいは高齢者の生活には悲惨なものがあった。

　「福岡養老院」では年次報告書である『福岡養老院事報』を発行していた。現存するものは昭和11年度の年次報告書[1]からである。ただし，例えば1926（大正15）年4月発行の「佐世保養老院」の年次報告書にも「書籍寄贈者芳名」の中に「福岡養老院々報　福岡　福岡養老院殿」[2]と記されてあり，また1931（昭和6）年3月発行の「別府養老院」の年次報告書にも「寄贈書籍年報」の中に「同　年報　福岡養老院殿」[3]と記載されている。よって大正，昭和初期には年次報告書を「福岡養老院」では作成していたことは事実であろうが，現存するものは上記の年度のものからである。「社会事業法」成立期からの養老事業施設に関して論ずるゆえ，原史料を有効に活用し，「福岡養老院」の運営実態を中心として，戦火の中におかれる養老事業施設について論じる。なお，「第4章　福岡養老院と支援組織」と文面上重複するところは，先に述

べておく。

◆ 第2節　福岡養老院の創設 ◆

　表5—1に示す「国庫補助金」は昭和13年以降は「社会事業法」によって補助金として交付されることとなった。1938（昭和13）年6月29日に公布された厚生省令第14号「社会事業法施行規則」の第19条では補助金交付の要件として「一　成績優良ニシテ将来事業ヲ継続スル見込確実ナルモノ　二　特別ノ事由アル場合ノ外事業開始後三年以上ヲ経過セルモノ」と規定した。『昭和十四年度　財団法人　福岡養老院事報』には「補助金　金壱千壱百円　厚生省補助金」[4]　という記載がある。昭和14年度からの補助金の全国平均額は831円であったことから[5]，「福岡養老院」への交付金は幾分高額であったことがわかる。ここで「福岡養老院」の創立からの経緯を概説する。

　同養老院は1918（大正7）年に福岡市内曹洞宗寺院住職と檀信徒，その他一般有志によって組織された「福岡仏心会」の事業として，1922（大正11）年12月1日，福岡市南湊町25番地に発足した。当初は20名程度の入所を目標としていた。また同養老院は福岡県で最初に創設された高齢者専用の入所施設であった[6]。初代院長は上野瓶城である。1923（大正12）年6月15日には養老院運営維持のため「福岡仏心会」会員が福岡市内を托鉢した。この托鉢はその後，幾度となく地域において繰り返された。同年の9月7日には関東大震災の被災者救援のため，福岡市内仏教各宗派住職，所属団体による救援托鉢が行われた。この活動は9月7日より12日まで行われた。翌年2月24日にも「福岡仏心会」会員による地域における養老院慈善托鉢の記録が残っている[7]。1925（大正14）年11月15日上野瓶城が逝去，高階瓏仙が院長に就いた[8]。1926（大正15）年10月3日には福岡市内に「曹洞宗婦人会」が発足した。1927（昭和2）年9月7日には「福岡養老院」は財団法人の認可を得た。1928（昭和3）年10月「曹洞宗婦人会」を「星華婦人会」と改称，養老事業の支援組織として機能することになった。1929（昭和4）年4月15日には福岡市

平尾630番地に院舎を新築し移転した。また，4月29日には「星華婦人会」の会則を改め，事業の一環として養老院援助に尽力することが決定した。以来毎月29日に養老院慰問と春秋二期に托鉢により物資を養老院に寄付することを定めた[9]。

次に，現存する原史料である年次報告書から「福岡養老院」の事業概要を記せば以下のようになる。

「福岡養老院事業概要

一，創立　大正十一年十二月一日
一，組織　財団法人（昭和二年九月七日認可）
一，位置　福岡市大字平尾六百三十番地
一，目的　自活する能はざる貧困無告の老廃者を収容し老後の余生を安静に送らしむるにあり
一，事業　本院は前記の目的を達するため左の事業を行ふ
　　　　　◇収容所を設け老後の安静生活に必要なる凡ての施設をなし左記事項の該当者に限り収容救済す
　　　　　◇年齢六十歳以上の自活能力なく扶養者なき貧困無告の老廃者にして入院希望の者但無病殊に伝染性疾患なきものに限る
　　　　　◇救護法の適用を受けたる者にして市町村長より収容救護を依託せられたる者
一，処遇　収容者中健康なる男子は庭園の掃除菜園の手入婦人は把針掃除等任意の作業によつて身体の運動をとらせ精神的には院長その他の有益なる法話を聴聞せしめて慰安を与へ安静なるその日その日を送らしむ又病気にかゝりたる時は十分に医薬の手当をなし若し死亡すれば葬式は勿論後々の仏事供養も懇ろにして精霊を慰め聖世の恩恵と仏陀の慈悲に浴せしむ
一，維持　宮内省御下賜金。諸官衛慈善財団の補助金，助成金。特志寄付金品。月次寄付金品。勧募寄付金品基本金利子等

一，設備　敷地総坪数　九百二十五坪，建物総坪数　三百十三坪〔礼拝堂一，
　　　　収容室十二室，病室二（定員四〇人）〕
一，入院手続　救護法に依り市町村に於て被救護者の収容救護を依託せられる
　　　　場合は戸籍謄本又は救護台帳写に依託書を添へ申込むこと
　　　　単独又は紹介に依るものは入院願に戸籍謄本身体検査書添付提
　　　　出せしめ調査の上入院を決定す」[10]

　上記の概要は昭和12年度年次報告書からの引用であり，養老院事業も軌道にのった時代のものであった。定員も40人へと増加し収容室も12室あった。養老事業の全国的動向においても，既に1932（昭和7）年1月「全国養老事業協会」が発足し，第1回の「全国養老事業調査」が完了していた。雑誌『養老事業』も1933（昭和8）年9月から発刊され，時代は養老事業の全国的組織化近代化が急速に進む状況にあった。また，「全国養老事業協会」が主催した「養老事業研究会」[11]のように，一つの科学的研究領域として養老事業を位置づけることに貢献したのも昭和初期からであったといえる。

　国の社会事業政策として1932（昭和7）年に「救護法」が施行され，全国の養老事業施設は「救護施設」としての認可を受けるために手続きをとっている。「福岡養老院」がいつ認可されたかは不明であるが，上記の概要を読む限りでは「救護法の適用を受けたる者にして市町村長より収容救護を依託せられたる者」とあり，「救護施設」としての認可を得ていることが推測される。

　上記の事業概要が記されている昭和11年度の年次報告書は，現存するものの中で最も頁数も多く[12]，内容も多岐にわたっていた。つまり，「福岡養老院事業概要」「沿革並に事業概況」「沿革」「役員」「職員」「昭和十一年度事業成績」「昭和十二年度歳入出予算」「収容者状況調」「創立以降入退成績」「謹告」「助成金」「県市助成金」「金員寄付芳名」「物品寄付芳名」「賛助会並毎月慈善米寄付芳名」「福岡仏心会々報」「星華婦人会の行事」その他関連事項が記載されている。ただ，最入出決算が載っておらず，予算としての掲載である。以下，施設運営上の財源について分析する。

◈第3節　施設運営上の財源◈

　表5―2には昭和15年度の歳入出予算を示している。歳入全体（10,220円）における寄付金が4,250円（41.6％）と半数近くを占めていることがわかる。「福岡仏心会」「星華婦人会」を基盤とした支援組織によって施設が維持されていたことを色濃くあらわす数値である。次に多い財源は補助金である。2,110円は歳入全体の20.6％にあたるが、中でも目を引くのは国庫補助金の1,100円であろう。これは「社会事業法」による奨励金であるが、多額の補助が「福

表5－2　昭和十五年度歳入出予算

一、昭和十五年度歳入出予算	
歳入	
第一款　財産収入	
一、基金利子	六〇円
第二款　事業収入	六〇〇
第三款　寄付金	四、二五〇
一、依託救護料	二、〇四〇
二、篤志寄付金	四〇〇
三、寄付金	一、八一〇
第四款　補助金	二、一一〇
一、国庫補助金	一、一〇〇
二、県補助金	三一〇
三、市補助金	二〇〇
四、曹洞宗務院補助金	四五〇
五、各種団体補助金	五〇
六、雑収入	一六〇
一、前年度繰越金	一、〇〇〇
歳入計	一〇、二二〇
歳出	
第一款　事務（所）費	
一、諸給	一、四一四円
二、需用費	四八〇
三、雑費	一八五
第二款　事業費	六、二三六
一、諸給	九八四
二、賄費	三、八八四
三、被服費	一四八
四、医療費	一一三
五、備品費	一八三
六、消耗品費	四一八
七、慰安費	一八〇
八、葬祭費	一八
第三款　営繕費	
一、設備費	二五〇
二、維持費	七三
第四款　積立金	
一、基本積立金	二五〇
二、営繕費積立金	四〇〇
第五款　雑費	
一、公課	六九
二、広告費	三
第六款　繰戻金	
一、基本金繰戻金	六〇〇
第七款　繰越金	二〇〇
第八款　予備費	二二〇
歳出計	一〇、二二〇

出所：『昭和十四年度　社団法人　福岡養老院事報』1940年，pp.10〜13

表5-3 地方費補助助成金

年 次	道 府 県		市 町 村		計	
	団体数	金額（円）	団体数	金額（円）	団体数	金額（円）
昭和9年度	2,879	798,812	2,894	419,543	5,773	1,218,355
10	3,337	701,947	3,191	421,491	6,528	1,123,438
11	3,718	776,682	3,520	472,088	7,238	1,248,770
13	756	419,300	683	203,140	1,439	622,440
14	1,046	529,723	920	275,468	1,966	805,191
15	1,177	507,192	1,004	311,150	2,181	818,342

出所：『日本社会事業年鑑』昭和13年版，14・15年版，17年版，18年版より引用，作成

岡養老院」に下付されている。事実，表5-2に示す年次報告書には別の頁に「補助金」として昭和14年度のものが記載されているが，「厚生省補助金」は「金壱千壱百円」となっており，昭和15年度予算と同額である。つまり表5-2は歳入出予算ではあるが，このデータは信頼性が高いといえよう。因みに昭和14年度の場合，厚生省補助金の全国平均は831円，昭和15年度は755円であった[13]。一方この「社会事業法」による国庫補助金によって地方費補助助成金は減少したという指摘もある[14]。事実表5-3に示すように，団体数，金額ともに減少している。この現象は1932（昭和7）年施行の「救護法」当時もみられたことではあるが，「社会事業法」による影響は「福岡養老院」においてもみられた。例えば，昭和11年度県補助金450円市補助金200円[15]，昭和12年度県補助金400円市補助金200円[16]，昭和14年度県補助金270円市補助金200円[17]，昭和15年度県補助金70円市補助金200円[18]，昭和16年度県補助金70円市補助金200円[19]，昭和17年度県補助金120円市補助金200円[20]であり，明らかに「社会事業法」施行後に福岡県からの補助金が減少している。

なお，表5-2に示している「委託救護料」2,040円（20.0%）は，「救護法」に規定された「救護費」に該当する。昭和15年度における他の養老院の歳入に占める救護費の割合をみてみると，「大阪養老院」3.8%，「神戸養老院」19.6%，「佐世保養老院」20.0%，「前橋養老院」36.8%，「報恩積善会」28.5%，「別府養老院」40.1%，「岩手養老院」20.7%，「京都養老院（同和園）」

61.2％となっており[21]，施設によってばらつきがみられる。この点は施設によって歳入全体の金額が異なり，同時に「救護法」の適用者の数が少ない施設があったことを示唆しているといえよう。このことから施設側のひとつの方策として，「救護法」が実施される以前に施設に入所している高齢者の中で「救護法」が適用されると思われる高齢者を施設から一旦退所させ，「救護法」の適用を受けた段階で再度施設に入所させるという方法をとっていたという指摘もある[22]。「福岡養老院」の「救護費」は特別高額であったとはいえないが，歳入全体においては大きな位置を占めていたことに間違いはない。ただし，「福岡養老院」の財源を語る場合，「福岡仏心会」「星華婦人会」の支援母体・組織を抜きにすることはできず，また支援母体・組織の力によって施設の地域化が図られたことは確かである。例えば昭和14年度の年次報告書では「篤志金品寄付芳名（自昭和十四年四月一日至同十五年三月三十一日）」「賛助会員並毎月慈善米寄付芳名（自昭和十四年四月一日至同十五年三月三十一日）」として，20頁にわたる細かな記載が残っている[23]。この年の年次報告書は全体で40頁であったことから半数の頁は上記の「芳名」に当てていることになる。また，曹洞宗務院からの助成金の記録も記されているが，「福岡養老院」（戦後の「博多老人ホーム」）は，1967（昭和42）年9月，登録第1号の曹洞宗社会教化事業公認施設として曹洞宗宗務庁から登録証が交付されており，戦前から福岡県において曹洞宗の寺院住職，檀信徒の当施設への力の入れようが多くの原史料からも窺える。以下，支援組織について述べるが，年次報告書から曹洞宗務院助成金を整理してみると，以下のようになることを述べておく。昭和11年度40円，昭和12年度40円，昭和14年度60円，昭和15年度60円，昭和17年度45円，昭和18年度50円，昭和19年度50円[24]。

◆ 第4節　支援組織 ◆

1926（大正15）年10月，福岡市内に発足した「曹洞宗婦人会」は先にも述べたが，1928（昭和3）年10月「星華婦人会」と改称され，「福岡養老院」に

尽力する方針が打ち出されたことは既に述べたとおりである。翌年4月29日には毎月29日に施設訪問，春秋2期に托鉢を行い，施設への寄付を行うことを決めた。1930（昭和5）年11月16日には339円23銭と米19俵の寄付を行っている[25]。戦時下の1945（昭和20）年2月4日梅田隆全院長の逝去により4代目院長に就任した水嶋劔城[26]は，戦後，「星華婦人会」について次のような文章を書いている。繰り返しになるが，「星華婦人会」の実践を垣間見ることができるので記すことにする。

「星華婦人会による援助

　仏心会の托鉢には星華婦人会のめざましい貢献があったことを感謝している。

　昭和三年，曹洞宗婦人会が星華婦人会と改称されて，養老院に尽力する方針が打ち出された。以来十七年間，仏心会の托鉢に婦人会員が百名程参加され，封筒を事前に配って，『お年寄りのために，ご援助をお願いします。』という趣旨を伝え，托鉢の日に封筒を集めて廻ったのである。

　昭和四年には婦人会から養老院金一封と米十四俵，同五年には金三三九円と米十九俵，六年には金三四五円と米十九俵と衣類の寄付があり，この事は昭和二十一年まで実に十七年間の長きにわたり奉仕された。今日の共同募金制度以前に，すでに同じ趣旨のもとに募金活動が行われていたのである。また，毎月二十九日には，天皇誕生日を記念して養老院慰問が行なわれ，身寄りのない老人たちは婦人会員のやさしい心に涙する場面が各所に見られた。今日の老人ホームが存在するのも過去にこのような並なみならぬ援助と奉仕があったことを私は忘れない。」[27]

　このような地域実践活動は当時の地元機関紙にも記事として掲載され，例えば以下のように記されている。この点も前章の繰り返しになるが記しておく。

「養老院援助托鉢

　福岡市曹洞宗星華婦人会では福岡養老院援助のため十月廿二日，三両日会員並に市内組合寺院の方丈及明光寺，安國寺の雲衲達と共に僧俗百数十名を以て

福博各町に托鉢を行つたが，各方面の喜捨多く現金三百七十一円余及白米二十俵の浄財を得て之を養老院に寄付，維持費に供した」[28]

また「福岡養老院」の発行する年次報告書は，毎年「星華婦人会の行事」として以下の文章を載せている。

「星華婦人会の行事

慰問日　毎月二十九日は晴雨に拘らず市内曹洞宗各寺院の住職方や会の幹部を初め会員多数の慰問に与りますので入院者一同此の日を待ちわびて居ります。

当日の行事読経，法話，慰問品菓子煙等の贈与

養老院慈善托鉢　星華婦人会主催のもとに十月二十九日同三十日の二日間に亘りて誦経の声も厳かに，安國寺，明光寺をはじめ曹洞宗九ヶ寺の方丈雲衲方総動員の先達につれ随喜の御婦人方が甲斐々々しい足ごしらへで市内を廻られました。

頼りない憐れな老人達のために燃立つお情けの托鉢は有難くも亦尊い極みでありましたが，中には七十才からの御老人も参加せられての御托鉢はまことに涙ぐましい次第で，二日目にはお腹が痛く足取りも随分お疲れの方も見受けられ痛はしくも亦床しいことでありました。寄附金は寄付米其他と共に直に養老院に寄付されました。」[29]

こうした文章は昭和18年度の年次報告書まで載せられた。上記のような活動は，「福岡仏心会」を支援母体として支援組織である婦人会の精神的信仰的向上に貢献したと考えられる。同時に婦人会の活動は，施設生活者への多面的影響とともに，施設をとりまく地域住民に多大な感化を与えたのではないかとも推測される。托鉢という行為は「福岡仏心会」あっての行為であるが，上記の文章を読む限り施設を支援することの精神的身体的努力が痛々しいほど読み取れる。なお，こうした支援組織は同じく曹洞宗の養老院としては，1925（大正14）年に創設された「別府養老院」がある。そこでも「養老婦人会」が組織され支援活動が展開されていた。

◆ 第 5 節　高齢者の状況 ◆

「福岡養老院」では高齢者の入所を原則として 60 歳からとし，「入院手続」として「救護法に依り市町村に於て被救護者の収容救護を依托せられる場合は戸籍謄本又は救護台帳写に依托書を添へ申込むこと」と年次報告書に規定していた。表 5―4 には昭和 13 年 3 月末現在の「収容者状況調」を示しているが，入所高齢者 38 名中「健康者」は 6 名（15.8％）にすぎない。「全国養老事業協会」が実施した第 2 回の「全国養老事業調査」（昭和 11 年末現在）では，合計 4,743 名中「健康者」は 1,691 名（35.7％）であることから[30]，「福岡養老院」

表 5―4　収容者状況調

一、性別年齢関係（昭和十三年三月末現在）

年齢	六十五歳未満	六十五歳以上	七十五歳未満	七十五歳以上	八十五歳未満	八十五歳以上	八十五歳未満	八十五歳以上	九十歳以上	合計
男	二	一	四	○	三	○	○	○	○	一一
女	○	五	一〇	五	六	一	○	○	○	二七
計	二	六	一四	五	九	一	○	○	○	三八

一、現在収容者在院年月調（昭和十三年三月末現在）

在院年月	六ケ月未満	一ケ年未満	二ケ年未満	三ケ年未満	四ケ年未満	五ケ年未満	五ケ年以上	合計	右ノ内最長年月在院
男	三	○	五	一	○	一	○	一一	四年一月
女	三	三	八	四	三	四	二	二七	十一年
計	六	四	一三	五	三	五	二	三八	

一、同健康調（昭和十三年三月末現在）

健否別	健康者	虚弱者	不具者	癩疾者	精神衰耗者	受治療者	合計
男	三	○	一	三	○	四	一一
女	三	六	三	一〇	三	二	二七
計	六	六	四	一三	三	六	三八

一、最近五ケ年死亡者在院調（自昭和八年四月　至昭和十三年三月）

在院年月	六ケ月未満	一ケ年未満	二ケ年未満	三ケ年未満	四ケ年未満	五ケ年未満	五ケ年以上	合計	右ノ内最長年月在院
男	六	七	五	五	四	四	二	三三	七年七月
女	六	○	一一	四	三	二	四	三〇	六年十月
計	一二	七	一六	九	七	六	六	六三	

出所：『昭和十二年度　財団法人　福岡養老院事報』1938 年，pp. 10～12

の場合，健康者が少ないといえるかもしれない。逆に「廃疾者」が13名（34.2%）であり，全国平均の8.8%に比較しても多いようである。ただし度数上わずか38名の高齢者であり，調査時期の違い，調査者の入所高齢者への主観的認識による差異によってデータは異なってくることを考慮する必要性もある。なお表5—4の「最近五ヶ年死亡者在院調」において，在院6ヶ月未満で死亡する者は12名であり，死亡者全体の19.0%にあたる。先の全国調査では6ヶ月未満で死亡する者は43.6%であることから[31]，この点では全国平均より低い比率といえよう。別の視点で考えれば，全国の養老院へ入所する高齢者内死亡者の半数近くが6ヶ月未満に死亡するという現実である。つまり入所した段階で既に何らかの疾病や生活障害等を持ち，止むに止まれぬ状況下での入所というのが当時の実態であった。

　1937（昭和12）年7月「盧溝橋事件」が起こる。同年11月「日独伊防共協定」成立。1938（昭和13）年4月には「国家総動員法」が公布され，1939（昭和14）年3月から軍事教練を強化する。同年7月「日米通商条約」を破棄，8月「日英会談」決裂，そして9月「第二次世界大戦」が始まった。こうした戦時下の中で高齢者の生活にも多大な影響があった。1943（昭和18）年4月15日，「浴風園」で開催された「養老事業研究懇談会」においても食糧問題，物資不足，病室，病人，病気のこと等，困惑する施設経営者の発言が多く出されている[32]。

　「福岡養老院」では1943（昭和18）年1月に急に6名の死亡者が出た。2月にも2名，3月にも2名が死亡している[33]。つまり冬期に死亡者が増加する傾向が戦時体制が深まる中で発生した。こうした状況について，例えば「広島養老院」の本林勝之助は，雑誌『養老事業』の中で次のように述べている。

　「心ある視察の人々は毎時泣かされるのである。四十人位の収容者で平均一ヶ年に十二三人の死亡者，約三ヶ年で皆入り替ることゝなる。之れが毎月十一月中旬より三月中旬迄，寒いときに殆んど死んで行くので，彼私共に一大困難事である。一人死すれば畳の二三枚蒲団の二三枚位は平均腐敗し衣類の二三枚

第5節 高齢者の状況

表 5-5　創立以来入退成績

年次	性別	入院	退院	死亡	年度末人員計	合計
大正一一	男女	一			一	一
一二	〃	七六		一三	六五	一
一三	〃	五三		一	八六	一四
一四	〃	二三	一三	三	七四	二二
昭和元(一五)	〃	五三		三	九六	二〇
二	〃	四六	一	五	一〇一	二二
三	〃	二五	二	四五	九二	一六
四	〃	七五		四	一二五	二三
五	〃	八二	二	五四	一二二	三一
六	〃	七五	一	六一	一三五	二八
七	〃	五六	一	四三	一三七	二九
八	〃	七一	一	七九	一二八	二九
九	〃	一〇七	二	六六	一三九	三三
昭和一〇	男女	六一〇	一二	四六	一四一二	三六
一一	〃	九六	二	八四	一三一八	四一
一二	〃	七七	一	七五	一三一九	四〇
一三	〃	四一〇	三二	二六四	一五二五	四二
一四	〃	一四〇		二八	一三二九	四二
一五	〃	七七	三一	七九	一三二五	四〇
一六	〃	一〇四	二	一〇一	一五二二	三三
一七	〃	七一三	二	九九	六二〇	二六
一八	〃	四八	二	六三	四一四	一八
一九	〃	一〇一三	二三	四一〇	八一〇	一八
二〇	〃	一二一	二一	九一〇	十一九	二九
二一	〃	一二五〇四	三〇二九	一二五八三	二四六六	六七二
計						

出所：『昭和二十一年度　社団法人　福岡養老院事報』1947年, pp.4~5

は腐敗するのであるが，大小便出るのが判らず，或は少しづつ出づるのもある。特に暖気を取つてやらねばならず洗はせねばならず，養老院としての特別の悩である。」[34]

　表5—5には「創立以来入退成績」を示しているが，昭和10年代中頃から死亡者が増加していることがわかる。また入所高齢者の数も減少しているが，こうした数値は戦時下におかれた養老院とそこで生活する高齢者の実態的苦悩を如実に表わしているといってよい。4代目院長の水嶋劔城は次のように述べている。

　「養老院建設以来，宮内省の御下賜金を始め各方面からの温かいご援助をいただいて細々と経営しているうちに，日本は戦時体制下に入った。

　それまで養老院に交代で奉仕していた寺の若僧たちも次々に出征し，手弁当で奉仕していた婦人会も，戦時中は雑事が多く，養老院も手不足になることが多かった。そんな難関を幾度も切り抜けてはきたが，昭和二十年六月，米軍B29飛行機による福岡空襲で都心部の千戸以上が焼失，死傷者も千人以上を出すという惨事があった。

　私はこの年の二月に理事長兼院長に就任していたが，養老院にも五十キロ焼夷弾が落下し，管理棟の屋根を突き破って二階階段から中庭に落ちた。」[35]

　こうした戦火の中においても「福岡養老院」では「星華婦人会」の支援のもとに運営を続けていった。しかし資金の面では必然的に窮迫する中，年次報告書である『福岡養老院事報』も昭和17年度（昭和18年6月発行）から手書き印刷に形をかえた。また，昭和19年度と20年度（昭和21年6月発行）は合併して発行された。しかし，戦火の中にあっても，年次報告書を継続的に作成発刊してきたことは高く評価できる実践運営であったといえよう[36]。

◆第6節　おわりに◆

　戦前の高齢者領域の施設史研究を積み上げていくためには，当時の原史料を発掘整理することが必要である。しかし戦火の中で焼失してしまった史料も多

く，その意味でも研究は進んでいない。また施設数が少なく，1940（昭和15）年6月末日現在，全国に131の養老院（公立30，私立101）があった[37]。また現代と異なり地方においても人通りの多い町中に建築される，あるいは間借りする施設がほとんどであったこともあり，空襲によって施設そのものが崩壊するケースもみられた。上記の意味において，小笠原祐次によって復刻された『老人問題研究基本文献集』（大空社）は養老院を繙く上で貴重な文献といえる。

なお，今回取り上げた「福岡養老院」は戦後（昭和39年），施設を現在地に新築し移転したこともあり，その際にも原史料が紛失したといわれている。勿論「福岡養老院」に関する史料は上記『老人問題研究基本文献集』には載っておらず，また施設創立当初の年次報告書は筆者の知る限りでは発見されていない。また「星華婦人会」に関する史料もあまり残っていない。本来，施設史を研究する上においては，そこで生活する利用者（高齢者）の実態を追求していかなければならないが，不充分であったことを述べておく。ただ，幸いだったことは昭和11年度から昭和22年度までの年次報告書が整理できたこと，それによって「社会事業法」施行当時の施設史が概説的ではあるが分析できたことに養老院史の研究上の意味はあったと考えている。

〈注〉

1) 『昭和十一年度　財団法人　福岡養老院事報』昭和十二年六月二十日
2) 『大正十四年度　院報　佐世保養老院』大正十五年四月十五日，p.19
3) 『昭和五年度　別府養老院年報』昭和六年三月末日，p.27
4) 『昭和十四年度　財団法人　福岡養老院事報』昭和十五年六月十日，p.14
5) 厚生省五十年史編集委員会編『厚生省五十年史（記述篇）』財団法人厚生問題研究会，1988年，p.473
6) その後，福岡県内では「小倉市慈善会」によって1926（大正15）年「西山寮」が創設された。
7) 『博多老人ホーム50年のあゆみ』社会福祉法人博多老人ホーム，1972年，pp.1～2

8) 高階瓏仙は1876（明治9）年福岡県嘉穂郡上臼井村永泉寺に生れる。1896（明治29）年曹洞宗大学林入学。1915（大正4）年福岡市材木町安国寺に晋住。1941（昭和16）年大本山総持寺独住第十二世貫首、大本山永平寺第七十一世貫首に晋住、「大鑑道光禅師」の尊号を受ける。1944（昭和19）年曹洞宗管長、1957（昭和32）年全国仏教会会長に就任。役職の傍ら、全国各地、海外にて巡錫、教化に専念した。（『高階瓏仙禅師香語集』中山書房、1979年、『高階瓏仙禅師伝』開明堂、1974年、参照）
9) 『博多老人ホーム50年のあゆみ』、前掲書、p. 4
10) 『昭和十一年度　財団法人　福岡養老院事報』昭和十二年六月二十日、pp. 1～2
11) 「養老事業研究会」は関東地区を会場にして1932（昭和7）年7月から1943（昭和18）年10月まで不定期ではあったが21回にわたって開催された。
12) 現存する年次報告書である『福岡養老院事報』から頁数を記せば以下のようになる。昭和11年度48頁、昭和12年度43頁、昭和14年度40頁、昭和15年度34頁、昭和16年度30頁、昭和17年度34頁、昭和18年度29頁、昭和19年度・昭和20年度26頁、昭和21年度10頁、昭和22年度13頁。
13) 厚生省五十年史編集委員会編集、前掲書、p. 473
14) 同上書、p. 473
15) 『昭和十一年度　財団法人　福岡養老院事報』昭和十二年六月二十日、p. 16
16) 『昭和十二年度　財団法人　福岡養老院事報』昭和十三年六月三十一日、p. 16
17) 『昭和十四年度　財団法人　福岡養老院事報』昭和十五年六月十日、p. 14
18) 『昭和十五年度　財団法人　福岡養老院事報』昭和十六年七月五日、p. 9
19) 『昭和十六年度　財団法人　福岡養老院事報』昭和十七年六月十五日、p. 9
20) 『昭和十七年度　財団法人　福岡養老院事報』昭和十八年六月十五日、p. 9
21) 全国社会福祉協議会老人福祉施設協議会編『老人福祉施設協議会五十年史』全国社会福祉協議会、1984年、p. 86
22) 岡本多喜子「公的な補助金の導入―老人ホームの歴史」『ゆたかなくらし』10月号、全国老人福祉問題研究会、1986年、p. 64
23) 『昭和十四年度　財団法人　福岡養老院事報』昭和十五年六月十日、pp. 15～34
24) 各年次報告書より引用
25) 『博多老人ホーム50年のあゆみ』前掲書、pp. 3～4
26) 水嶋劔城は1897（明治30）年福井県丹生郡織田町に生れる。曹洞宗第三中学林卒業、金沢市天徳院僧堂大本山永平寺僧堂福岡市明光寺僧堂各安居、福岡市明光寺堂長、永平寺顧問、九州管区教化センター統監、司法保護司、福岡刑務所教戒師、福岡地区保護司会長等の要職を歴任した。（『曹洞宗現勢要覧』曹洞宗現勢要覧編纂部、1974年、参照）
27) 水嶋劔城「私のなかの歴史」『月刊福祉』昭和54年1月号、全国社会福祉協議会、1979年、p. 67

28)『共栄』第五巻第十一号，福岡県社会事業協会，1932年，p. 58
29)『昭和十八年度　財団法人　福岡養老院事報』昭和十九年七月二十日，pp. 27〜28
30)『昭和十三年十月　全国養老事業調査（第二回)』全国養老事業協会，昭和十三年十二月二十五日，p. 33
31) 同上書，p. 35
32)「養老事業研究懇談会略記」『養老事業』第32・33号，全国養老事業協会，1943年，pp. 30〜36 参照
33)『昭和十七年度　財団法人　福岡養老院事報』昭和十八年六月十五日，p. 6
34) 本林勝之助「養老事業に就て感想」『養老事業』第23号，全国養老事業協会，1941年，p. 67
35) 水嶋劔城，前掲書，p. 67
36) 博多老人ホームには昭和17年度から昭和22年度までの年次報告書が保存されている。
37)『第三回全国養老事業調査表抜抄（昭和十五年六月末日現在)』全国養老事業協会，p. 1

第 6 章

昭和初期の報恩積善会

◆ 第1節　はじめに ◆

　岡山県学務部社会課『岡山県社会事業施設一覧』昭和五年十月三十日発行によると，岡山県内の「養老保護」として，「報恩積善会」（岡山市四番町），「財団法人服部養老会」（邑久郡牛窓町）が記載されている。「服部養老会」に関しては坂本忠次「高齢者事業と服部養老会」『岡山県史研究』岡山県，第7号，昭和59年12月として明らかにされている。第6章は岡山県における養老院史を研究するに当たり，「報恩積善会」に焦点を絞り分析する。特に大正・昭和初期のわが国の養老事業の動向を踏まえ，「報恩積善会」の施設史を考察する。
　「報恩積善会」の『創立85周年記念誌』によると施設の発展区分を次のように行っている。①私設慈善団時代（岡山市下石井305）大正元年9月24～大正3年8月，②養老院時代（岡山市広瀬町219）大正3年8月～大正4年6月，③養老院時代（施設・岡山市南方96，事務所・岡山市四番町3）大正4年6月～昭和6年6月，④養老院時代（岡山市津島笹が瀬3312）昭和6年6月～昭和8年12月，⑤財団法人時代（岡山市津島笹が瀬3312）昭和8年12月～昭和27年5月，⑥社会福祉法人時代（岡山市津島笹が瀬3312）昭和27年5月～現在（現在は岡山市津島笹が瀬9の8）[1]）。なお，日本の社会福祉政策，時代的背景を考慮して区分を再度分析すると，1932（昭和7）年施行の「救護法」によって「救護施設」，1950（昭和25）年施行の「生活保護法」によって「養老施設」に変革する。本章は上記の法的変革を視点に入れ，③，④，⑤の時代を論究した。特に「救護法」以降の施設の変革を原史料から考察した。なお，①，②である

第 2 節 救護法施行前の養老院　*89*

創設期の報恩積善会に関しては，拙稿「高齢者福祉発達史の一断面（Ⅲ）―大正期の報恩積善会の成立と展開を中心に―」（1998年）[2)] において報告したので，今回の論考においては上記の点（創設期）は割愛している。

◆ 第 2 節　救護法施行前の養老院 ◆

1．吉備舞楽による収入

　大正期に入ると地方庁の助成・補助金が一般化し，施設の経営にも一定の位置を占めるようになってきたといわれている[3)]。府・県からの補助金の交付された年をみると，「神戸養老院」が1913（大正2）年，「名古屋養老院」1914（大正3）年，「東京養老院」1916（大正5）年，「佐賀養老院」1919（大正8）年となっている[4)]。「報恩積善会」においては，手書き史料『救済事業調査表（養老）大正拾年拾貳月末日』に「補助金壱壱参.四一〇」と記載されており，1921（大正10）年から補助金が交付されたと考えられる[5)]。表6－1には「大正十四年度経費収支決算表」を示しているが，「岡山県補助」一〇〇.〇〇

表6-1　大正十四年度經費収支決算表

歳　入　之　部		歳　出　之　部	
計金　二千三百十八圓二十一銭		計金　一〇二二円〇七六	
一金　一二七〇円九〇〇	賛助員醵金	一金　三〇〇日中給養二三一〇日分	給養費（保護日数三〇〇日中給養二三一〇日分）食料
一金　六五四.三一〇	吉備樂演奏料	一金　一〇二.七〇四	蒲團及被服費
一金　一〇〇.〇〇〇	岡山縣補助	一金　九七.九四五	醫藥及間食費
一金　七二.〇〇〇	岡山市救助米代	一金　五五.〇四五	職員ノ手當
一金　二〇.〇〇〇	岡山市獎勵金	一金　二七.一八四	事務費
一金　一五六.〇〇〇	臨時寄附	一金　一一四.三六〇	葬式及臨時費
一金　四五.〇〇〇	雑収入	一金　一九.九〇六	雑出費
		計金　二千貳百貳拾三圓六拾五銭五厘也	
		差引剰余金九拾四圓五拾五銭五厘	
		前年繰入金二〇三圓四〇銭　累計剰余金二九七圓九五厘	
		資産　會舎一棟疊建具付，以上	

出所：『報恩積善會養老事業報告（大正十四年十二月末日表）』大正十五年一月十五日

〇円,「岡山市救助米代」七二,〇〇〇円となっており,公費助成の存在が明記されている。

　こうした助成は個人経営の施設に一定の公の施設として社会的機能を果たすことへの期待を意味するが,県や市の補助金だけでは運営できないことを表6−1の「決算表」は示している。つまり,「賛助員醵金」「臨時寄附」に依存しなければならず,また「報恩積善会」では財源確保の方法として「吉備楽演奏料」という慈善演芸会等の事業収入を恒常的に得ていた[6]。1922（大正11）年11月25日に「林野劇場」で行われた「吉備舞楽」の大会開催趣意書は以下のようになっている。

　「慈善吉備舞楽大会開催趣意書
　報恩積善会,主義目的,報恩の美徳を普及し養老事業の経営にあり,明治天皇聖徳記念として本会は大正元年九月創設したり幸に諸官憲の御保護と江湖仁俠なる諸彦の御賛助とに依り着々事業の発展を見るに至りたるは実に感謝に不堪次第なり而して社会の進歩に伴ひ生存競争益々激甚を加へ不幸悲惨の貧困者は日を追ふて増加して来り従て可憐なる老衰者の救護を求むる悲声は日夜吾人の心膽を寒からしむる於茲本会は設備を増大し窮余頭を他人の門前に低れて食を乞ふか或は路傍に餓死する外なき不幸者を収容し聊か社会組織の欠陥を補ひ国恩の万一に報ゆる処ならんとす希くば博愛仁慈なる諸賢吾人の微意を諒せられ振ふて御賛成の栄を賜はらんことを今回当町有志者の御援助を賜り左記の通り慈善吉備舞楽演芸大会を開催す何卒本会の微意を諒せられ同好の士は続々御来場あらん事を希ふ
大正十一年拾貳月　　　　　　　　　　　主催　　報恩積善会
這回老衰者救護の目的を以て慈善吉備舞楽大会開催候に就ては生等此挙を賛し後援仕候希くば篤志家諸彦に於かせられては只管御同情あらん事を切に乞ふ
　　　　後援者（順次不同）
　常国　茂孫　　花房　二郎　　大石　俊平　　中山　正治郎
　竺原　宇一　　武田　林治郎　井上　雄四郎　安東　順平

伊藤　彦市　　　植田　誠祐　　　和田　新太郎　　　竹内　近治郎
中川　正勝　　　産業事報社　　　粟井　武彦　　　　春名美見次郎
田中　時太郎

賜天覧台覧之栄

◆吉備舞楽曲目　　　君が齢　　（家庭楽）
　　　　　　　　　　かざしの菊（家庭楽）
　　　　　　　　　　桜井の里　（楠公父子の袂別）
　　　　　　　　　　湊川　　　（正成兄弟忠死）
◎余興　　　都山流尺八演奏　角南香松師
◎趣味講和　（竹風出演）
◎日時　　　大正拾壱年拾貳月貳拾五日午後六時開場
◎場所　　　於林野劇場
　　　　　　　　　　　　　主催　　岡山報恩積善会」

　上記の「吉備楽演奏料」を『報恩積善会養老事業報告』『報恩積善会養老年報』から年次別に調べてみると、大正11年度「吉備楽演奏純益金」一一二六.〇三〇円[7]，大正12年度「吉備楽演奏純益金」四六一.八五〇円[8]，大正13年度「吉備楽演奏料」三五七.二一〇円[9]，大正14年度「吉備楽演奏料」六五四.三一〇円[10]，昭和2年度「吉備楽演奏料」三一六.七七〇円，昭和4年度「吉備楽演奏料」三一一.五〇円，昭和5年度「吉備楽演奏料」六〇.〇〇円，昭和6年度「吉備楽演奏料」二八.〇〇円[11]となっている。つまり，昭和期に入り，上記の収益が下降していることがわかる。昭和7年度以降の収支決算表には「吉備楽演奏料」の項目は無くなっている。

2．運営方法の変化

　下記には昭和2年に発表している「会則」を示しているが，施設の維持方法として「補助奨励金」「賛助会員の会費」「慈善会の収入」「篤志寄附金」等となっており，大正3年の「会則」に比較して維持方法の項目が多くなってい

る。因みに大正3年の「会則」では「会員ノ会費」「慈善会ノ収入」のみであった。

「報恩積善会々則

第一章　名称及位置

　一，本会は報恩積善会と称し事務所を岡山市四番町三番地に置く

　二，本会は必要の地に支会を設く

第二章　主義目的

　一，本会は報恩の美徳を普及し養老事業の経営にあり，六十歳以上の孤独老衰者及び是と等しき健康者をも収容し最後の生活と安心を保證しつゝ家族制度にき據て救護す

　二，本会の病弱者は賛助医に就て療養せしめ死亡者は会葬を以て弔ひ永久に祖先として其霊をも祭る，猶毎年九月二十四日の創立日をトし高齢者の慰安及死亡者の追善会を催す

第三章　会員の規定

　一，会員は左の会費を納め事業を賛助せらゝものとす

　　　名誉会員　本会に功労ある者又は一時金五拾円以上納めらるゝものとす

　　　特別会員　随時金拾円以上又は年約金貳円を納めらるゝものとす

　　　正会員　　随時金五円以上又は年約金壱円を納めらるゝものとす

　　　普通会員　月約一ヶ月貳拾銭又は拾銭宛を納めらるゝものとす

　二，会員諸氏へは報恩事報にて状況を報告す

第四章　会計

　一，会計は帳簿を設備し本会一般の収支を明記して保存す

　二，会計年度は毎年一月一日に始まり十二月三十一日を以て終る

第五章　職員

　一，顧問若干名，会長一名，主任事務員一名，主任看護一名，事務員若干名を置く

　二，顧問は会長の諮問に答へ若くは会の重要事項に関し会長に対し意見を陳

ふ
- 三，会長は会務一切を総理し事業全体の責任あるものとす
- 四，主任事務員は会長の主義方針を守り事務員を指揮監督するものとす
- 五，主任看護人は収容者の看護事務を専掌す
- 六，事務員は本会の主義に據り主任者より指定したる部所に付き執務するものとす

第六章　維持方法
- 一，本会は，補助奨励金，賛助会員の会費，慈善会の収入，篤志寄附金等を以て之に充つ（以上）

備考　収容手続，会則第二章の一に該当する者は市町村長若しくは警察署の證明書に戸籍謄本を添へて同情者よりの申込に依りて収容保護す

　昭和二年六月　　　日

　　　　　　　　　　　　　　　　　　岡山市四番町三番地
　　　　　　　　　　　　　　　　　　　　報恩積善会」

　上記に示してあった維持方法の冒頭の「補助奨励金」は公費助成であり，県や市の補助金を意味するが，「岡山県補助」「岡山市補助」は昭和2年度，昭和4年度，昭和5年度，昭和6年度の原史料からは県，市ともに一〇〇.〇〇円で統一されており変化はみられず，昭和期に入ってからは「賛助金醵金」が歳入の主要項目となっていた。因みに昭和6年度の場合，歳入合計は三二一二.九二円，「賛助員醵金」二六八五.一〇円であった[12]。「賛助員醵金」額が「吉備楽演奏料」を上回るのは大正12年度であり，大正末期から既に「賛助員醵金」の歳入に占める位置づけは大きいものがあったが，1928（昭和3）年1月1日に会長である田渕藤太郎（1876~1928）が死去し，妻である田渕はつ（1878~1960）が同月会長に就任し，籐太郎の事業を継続する時期から歳入に占める「賛助員醵金」の数値が大きくなっている。昭和2年度の場合，「賛助員醵金」は一二八七.一二〇円であったが，昭和4年度には「賛助員醵金」二七〇六.五〇円へと上昇している。この現象は事業収入による財源確保から支援

組織を強化することによる運営方針への変化を示すものであり，下記の史料はこの点を示唆するものといえる。

「院舎建築趣意書

　本会は大正元年九月　明治天皇聖徳記念のため，老衰者の救護を目的として，創設したものであります。爾来，十九年の間，皆様方の温き御同情と，県補助金及び市奨励金の交付，県社会事業協会，婦人会，其他の公私諸団体の賛助によりまして老衰者救護事業のために，聊か貢献しましたことは，まことに感謝に堪へない次第であります。然るに，最近事業の拡張に伴ひ，老衰者を収容すべき院舎の狭隘を感じ茲に院舎を新築することを余儀なくせられました。

　つきましては，広く一般の御寄附を仰ぎ，衣食なく且つ雨露を凌ぐべき家を持たぬ老衰者のために院舎を与へたいと存じます。どうぞ本会の事業と精神とを御賛同下さいまして應分の御寄附を下さいますやう懇願申上げます。

昭和四年　　　月　　　日　　　　　報恩積善会

　　　　　　　　　　　　　　　名誉会長　富田金一
　　　　　　　　　　　　　　　会　　長　田渕はつ
　　　　　　　　　　　　　　　顧　　問　横山日省
　　　　　　　　　　　　　　　顧　　問　杉山榮
　　　　　　後　援　者　（イロハ順）　石本於義太
　　　　　　　　　　　　　　　　　　　　原　澄治
　　　　　　　　　　　　　　　　　　　　西崎一流
　　　　　　　　　　　　　　　　　　　　柿原政一郎
　　　　　　　　　　　　　　　　　　　　高見章夫
　　　　　　　　　　　　　　　　　　　　湛増庸夫
　　　　　　　　　　　　　　　　　　　　国富友次郎
　　　　　　　　　　　　　　　　　　　　河本乙五郎
　　　　　　　　　　　　　　　　　　　　赤澤寛一
　　　　　　　　　　　　　　　　　　　　守屋松之助」

1929（昭和4）年に院舎建築のための後援者として上記の篤志家が存在するが[13]，この内，石本於義太，原　澄治，国富友次郎，河本乙五郎，守屋松之助は「報恩積善会」の評議員に就任している[14]。支援体制の強化とともに，中央組織との関連では1931（昭和6）年2月に「恩賜財団慶福会」より院舎建築の助成金として1,500円が交付されており[15]，こうした支援活動により1931（昭和6）年6月に岡山市津島の敷地に居住棟を新築し，施設の本拠地を移転した。これによって1931（昭和6）年度の「救護者」は16名であったものが[16]，1932（昭和7）年度には26名に増加している[17]。

◆第3節　救護法の成立と報恩積善会◆

1．救護法の成立と状況

1925（大正14）年10月，「第一回養老事業大会」が「大阪養老院」を主会場にして開催されたが，その後は昭和初期に入っても養老事業関係者の全国的組織活動は停滞した。1931（昭和6）年7月に漸く「全国救護事業協議会」（東京）が開催されたが，その際に「養老事業関係者懇談会」を開き，全国養老事業協会設立への経過報告が行われた。1932（昭和7）年1月29日，京浜発起人は「全国養老事業協会打合会」を開き，役員原案，事業計画を可決，1月30日，発起人代表福原誠三郎（浴風会常務理事）名で「全国養老事業協会」の正式の設立を公表した[18]。

1932（昭和7）年7月20日，「第二回全国養老事業大会」が「全国養老事業協会創立総会」を兼ねて開催された。「協議の大半は救護法実施に伴う影響に費やされたが，どの養老院でも救護法実施によって被救護者は122名中3名とか，50名中5名とか，181名中3名といった状態であるにもかかわらず，寄付は減り，内務省や県の奨励金，補助金が大幅に減額され，かえって経営が苦しくなった」と報告された[19]。

周知のように「救護法」は1929（昭和4）年3月23日に成立し，同年の4月2日に法律第39号として公布された。衆議院の附帯決議では「本法ハ昭和

五年度ヨリ之ヲ実施シベシ」と付されたが，1929（昭和4）年10月からの世界恐慌及び金解禁による昭和恐慌に重なり，昭和5年からの実施は実現しなかった。このような状況下にあって，1930（昭和5）年2月，方面委員等による「救護法実施期成同盟会」が結成された。同年10月には「救護法実施促進全国大会」が開かれ，「救護法」実施に向けての社会運動も活発化した。その後，1931（昭和6）年3月になって「救護法」実施に関する国家予算が成立し，1932（昭和7）年1月1日から「救護法」は実施されることとなった。

「救護法」第6條で「本法ニ於テ救護施設ト称スルハ養老院，孤児院，病院其ノ他ノ本法ニ依ル救護ヲ目的トスル施設ヲ謂フ」，また13條で「市町村長居宅救護ヲ為スコト能ハズ又ハ之ヲ適当ナラズト認ムルトキハ救護ヲ受クル者ヲ救護施設ニ収容シ若ハ収容ヲ委託シ又ハ私人ノ家族若ハ適当ナル施設ニ収容ヲ委託スルコトヲ得」と規定されたことにより，「養老院」は「救護施設」と位置づけられた。同時に「救護費」という公的資金の導入が行われることになった。このことで「老齢の窮民を収容保護する施設として各施設が独自に行っていた経営努力に対し，ひとつの経済的な共通基盤」[20]を与えることになった。高齢者を処遇対象とした施設というただ一つの共通点しか持たなかった全国の養老院は，「救護法」の実施に伴い，それが共通基盤となり結集力が強まったともいわれている[21]。

ただし，救護施設に「救護費」が支給されることによって施設の経営が安定化したとはいえない現実があった。表6—2には年次別にみた各施設の歳入に占める救護費の割合を示しているが，救護費の単価や被救護率等の差異によって施設に格差が大きいことがわかる。このことから施設によっては「救護法」の施行により財源が確保されたとはいえない状況があり，県や市の補助金が減少したり，地域の篤志家からの寄付金が集まりにくくなるという現象もみられた。

表6-2 年次別にみた各養老院の歳入にしめる救護費の割合（%）

	大阪養老院	神戸養老院	佐世保養老院	前橋養老院	報恩積善会	別府養老院	岩手養老院	京都養老院（同和園）
昭和7年	3.5	22.1	4.2	—	—	21.3	18.8	—
8	—	23.2	7.5	17.8	16.9	35.6	20.0	76.7
9	—	21.5	11.3	19.8	13.7	29.6	21.2	75.9
10	4.5	15.9	6.1	—	11.6	34.2	—	—
11	—	14.7	14.0	29.7	22.0	35.1	13.2	70.1
12	4.1	11.0	13.0	28.1	20.4	25.8	35.6	62.3
13	5.0	11.9	13.3	29.1	27.3	28.2	15.9	62.0
14	3.0	10.8	9.2	28.6	24.7	32.2	38.0	54.6
15	3.8	19.6	20.0	36.8	28.5	40.1	20.7	61.2
16	1.4	20.3	—	35.9	31.3	41.7	42.2	59.1
17	2.6	25.3	—	38.5	26.3	—	41.3	54.8

出所：全国社会福祉協議会老人福祉施設協議会編
『老人福祉施設協議会五十年史』全国社会福祉協議会，1984年，p.86

2．報恩積善会の委託交附金

　表6－3には「報恩積善会」の「昭和七年度経費収支決算表」を示しているが，「委託交附金」二四九.一四円と記載されている項目が「救護法」による「救護費」に該当する。昭和七年度の「歳入ノ部」合計が三七〇〇.七〇円であることから「救護費」の歳入に占める割合は1割にも達していないが，この年から「救護施設」の認可を受けていることは事実である。その後「報恩積善会」への「委託交附金」は昭和8年度六八五.一六円，昭和9年度五八七.五五円，昭和10年度七四一.一六円，昭和11年度一一四五.二八円，昭和12年度一四三〇.八三円と順調に増加している。この現象は施設の入所者数と比例しており，各年度の『養老年報』の表記では「救護者」であるが，昭和7年度26名，昭和8年度33名，昭和9年度29名，昭和10年度37名，昭和11年度45名，昭和12年度49名と増加している。なお，昭和9年度は「救護者」が前年度より3名減っており，同様に「委託交附金」も減少している。この点か

表6−3　昭和七年度經費收支決算表

歳入の部		歳出の部	
賛助員會費	一、八七五、二〇	事務費	
事業収入金	八五二、二一	職員手當食料	二四〇、五一
岡山県補助金	一五〇、〇〇	印刷通信旅費等	二〇一、〇一
岡山市補助金	二四九、一四	養老事業費	
委託交付金	二七〇、五〇	被服寝具費	五七、九五
臨時寄附金	五七、四〇	燃料費	一〇四、九八
集米見舞金	一四二、四七	醫薬及衛生費	一〇四、〇七
雑収入金	一四四、一八	看護諸費	一五〇、九二
昨年度ノ越金		慰安費	三四、〇九
		葬儀及佛事費	一一九、六五
		雑費	四七、八八
合計金	三、七〇〇、七〇	維持費	四九二、七二
		財産管理費	一四七、八六
		建築積立金	四〇〇、〇〇
		基本金繰入	一〇〇、〇〇
		合計金	三、五八三、四七

差引壹拾七圓貳拾參錢也　昭和八年度エ繰越ス

出所：『報恩積善會養老年報（昭和七年度）』昭和八年一月

　らも入所者と「救護費」との関連が理解できるが，すべての入所高齢者が「救護法」の対象者となるわけではなく，各年度の『養老年報』から被救護率を算定することはできないが，表6−3の収支決算表からも推測はできるように，「救護費」によって施設の財源が確保されたとはいえないことは事実である。

　なお先にも指摘したが，「救護費」の支給を受けることによって県や市の補助金が減少した施設もみられた。「第二回全国養老事業大会」（1932年）の報告でも「小野慈善院若松文蔵氏…現在百八一名を収容して居ります中救護法に依つて救護せられた者は僅か三名であります。それにも拘はらず従来県から頂いて居りました奨励金三千円が本年からは八百円に減じ一方寄附金は皆無に近いのであります。」[22]という指摘があり，「救護施設」の認可によって公的施設としての社会的位置づけは強くなったが，補助金，寄附金が減少するという施

第3節　救護法の成立と報恩積善会　99

設関係者の苦労もみられた。

3．年報の機能

「報恩積善会」は1931（昭和6）年6月に岡山市津島の敷地に居住棟を新築し，本拠地を当地に移転，1933（昭和8）年7月に新たに居住棟一棟を増築，同年12月には財団法人の認可を受け組織の強化を図っている。『報恩積善会養老年報昭和七年度』からは役員体制が表記され，同時に「救護法」の実施に伴う以下のような文章が表紙に記載された。

「仁人に告ぐ

救護法に依る救護を要する全国の要救護者数は昭和六年の調査に依れば八万八千余人を数へその外不具疾病傷痍精神耗弱又は身体虚弱の事由に依る要救護中にも六十五歳以上の者があることを併せ考ふべきであつて経済界の深刻なる不況に伴ひ生活の窮乏不安を訴ふ者は益々増加するの傾向を呈し之が保護救済は実に現下の急務でありますが，この養老事業の意義の極めて重要なるに拘らず全国的に社会事業部門に比し著しく後れて居る観のあるは洵に遺憾なる次第で，貧困老齢者を廃残者として社会が顧みぬは古来我国の貴老尚齢の禮教にも悖り人道上の問題であつて思想上にも甚大なる影響あることを惧れるものであります。茲に我が報恩積善会は何の至幸ぞ，広く社会の理解と同情に恵まれて院舎の新築と共に内容施設の改善を計り単に衣食住の物質救助のみならず家族制度による温情に浸らしめて老人に取り真に愛の楽園たらしめ健康者には適度の労務を与へその日〳〵を意義あらしめ，病者には治療を施し死者を敬葬して精神的慰安に処遇を謬らぬ様細心の注意を拂ひて各歓喜の日を送りつゝある今日の順境を報導し得るは御同慶に堪へませぬ，昭和七年は前年より越員十二名にて収容せし者十四名内退院者が一名死亡せる者七名差引十八名が感謝して昭和八年の新春を迎へた次第でありますが，年中来訪者引も切れず本会創立二十年来の賑盛さで同人無上の慶びとする処でありますが，斯様に穏健なる歩みは遂に法人組織の議も起るに至り，また作業場隔離看護室施設計画も進み設計中

でありますから大方篤志のご期待に一つ／＼副ふことも出来ると信じます，一面に人道上重要なる意義と使命を有する事業丈に本会の負ふ処の任務の非常に重い事を深く覚悟致して居る次第であります何卒不相変御指導と御援助を御願ひ致します。

報恩積善会」23)

　上記の内容は「養老事業」の社会的意義を市民あるいは賛助会員へ改めて投げ掛けるものであり，こうした『養老年報』の発刊が施設の市民化，社会化を表出し，同時に「救護法」下においても施設外からの市民的賛同によってのみ施設は運営が可能となることを物語っている。事実，表6－3の収支決算表においても「賛助員会費」が一八七五.二〇円で歳入全体の5割を超えており，この会費がなければ施設は崩壊するといっても過言ではない。なお，県・市からの補助金を見ると，昭和6年度「岡山県補助」一〇〇.〇〇円「岡山市補助」一〇〇.〇〇円，昭和7年度「岡山県補助金」一五〇.〇〇円「岡山市補助金」一〇〇.〇〇円，昭和8年度「岡山県補助金」一八〇.〇〇円「市補助金前期分」五〇.〇〇円，昭和9年度「岡山県補助金」二〇〇.〇〇円「市補助金後期分」五〇.〇〇円，昭和10年度「岡山県補助金」二〇〇.〇〇円「岡山市補助金」一五〇.〇〇円となっており，「救護法」の施行に伴って補助金が減少したという現象は「報恩積善会」においてはみられなかった。逆に「昭和九年度経費収支決算表」から「御下賜金」一〇〇.〇〇円，「内務省御下賜金」二〇〇.〇〇円が入っており24)，「昭和拾年度経費収支決算表」からはこれらに加え，「慶福会下附金」五〇〇.〇〇円25)，「昭和拾壱年度収支決算表」には「岩崎合名会社助成金」三〇〇.〇〇円，「三井報恩会助成金」二〇〇.〇〇円が記載されている26)。

　つまり，御下賜金や民間団体からの助成を受け，中央組織との関係を強化する中での施設の社会的必要性を地域社会に浸透させようとする意図が『年報』から読みとれる。例えば昭和9年度の『年報』の表紙は以下のような内容となっている。

「報恩積善会

今般其事業御奨励ノ思召ヲ以テ金一封下賜候事

　　　　　　昭和九年二月十一日

　　　　　　　　　　　宮内省

　報恩積善会

社会事業ニ関シ従来尽力スル所少カラズ今後尚一層淬励シテ其ノ効果ヲ収メムコトヲ望ム仍テ茲ニ奨励金ヲ下付ス

　　　　　　昭和九年二月十一日

　　　　　　内務大臣従三位勲一等

　　　　　　　　　　男爵　　山本達雄

紀元節ノ佳辰ニ際シ上記ノ通リ御下賜ノ恩命ニ浴シマシタ事ハ大方各位ノ甚大ナル御援助ニ依リ斯クノ如キ光栄ニ接シ恐懼感謝ニ堪ヘマセン我等当事者ハ尚一層淬励シテ此ノ優渥ナル御聖旨ニ副ヒ奉ラン事ヲ誓ツテイマス

　　　　　　　　　　会長　　田渕はつ」[27]

4．感謝録と施設の地域化

　上記のように養老院は国家の支援による事業であることを感謝とともに主張している。また，国家の支援による事業であることは施設経営者にとっても誇りであった。同時に，ひとりの民間人の草の根的な施設の創設は，常に地域の中の事業としての価値が大きく，昭和9年度から昭和11年度の『年報』には「感謝録」が記されている。

「感謝録

○一月　九日　　岡山市南方佐々木太郎氏より金員を恵与さる

○一月二十日　　岡山市南方岩崎シズ氏より金員を恵与さる

○二月十一日　　宮内省より御下賜金内務省より奨励金を受く

○仝　　日　　　岡山市津島大西英男氏より香典返しのための金員を恵与さる

○仝　　日　　　岡山市津島松井御老人より饅頭を恵与さる

○二月十四日　　　岡山市津島松井御老人より供物料恵与さる
○三月　五日　　　岡山市社会事業協会より折詰弁当を恵与さる
○三月　十日　　　山陽高等女学校長来会老人へ菓子折恵与さる
○三月十七日　　　久米郡鶴田村藤井元太郎氏来会老人達へ金員を恵与さる
○三月廿四日　　　御津郡横井村国吉善平氏より醬油寄贈
○四月　十日　　　久米郡大井西村清凉義道氏来会金子を恵与さる
○五月　四日　　　御津郡金川町佐藤日柱氏来会天皇牌寄贈さる
○五月十一日　　　岡山氏津島松井御老人より金員を寄贈
○五月十八日　　　御津郡横井村蜂谷お蝶氏より古着を恵与
○五月廿八日　　　岡山市立友楽園より菓子折を寄贈さる
○五月三十日　　　岡山市大供逸見十吉氏来会金員を恵与さる
○六月　七日　　　岡山市西中山下日本基督教会藤谷トシ子氏来会生花恵与さる
○六月廿八日　　　吉備郡福谷村長川崎平造及済世委員来会金子を老人達へ寄贈
○七月　三日　　　児島郡日比町山田静子氏より金員恵与
○七月十五日　　　岡山市外今村黒住宗和氏より金員の寄贈を受く
○七月十八日　　　岡山市奉還町中野氏より帯一筋寄贈さる
○八月　三日　　　岡山市富田町信木種吉氏より蒲団寄贈
○十一月廿九日　　御津郡金川町佐藤日柱氏より宗祖御木像を贈与さる
○十二月　六日　　御津郡馬屋上村藤井静一氏岸長氏来会菓子料恵与さる
○十二月十五日　　東京三井報恩会より助成金を受く
○十二月廿四日　　早朝二十歳前後の青年二名来会され金子五円也にて老人に正月物を買つて与へられたしと氏名をつげず帰宅さる
○仝　　　日　　　山陽高等女学校生徒二十余名の諸氏老人を慰問饅頭及金貝恵与
○十二月廿五日　　御津郡横井村益岡光正氏来会火鉢を寄贈
○十二月廿六日　　岡山県社会事業協会より本会在院老人一同へ金員寄贈
○十二月廿七日　　愛国婦人会岡山分会より餅御恵送」[28]

この「感謝録」は高齢者福祉施設の地域化の視点からの構想であり，会長である田渕はつの地域住民との交流の一端を垣間見ることができる。田渕はつは信仰心が厚く，1947（昭和22）年5月には剃髪して日蓮宗僧籍に入り，高齢者の精神指導や供養の奉仕活動を続けた人物であるが，上記の「感謝録」にもあるように，「基督教」「黒住宗」等，宗派を超えた地域篤志家との交流がみられた。また，下記に示す「訪問者芳名」のように，昭和11年度の『年報』には全国的規模での篤志家との交流が記載され，入所高齢者の増加，「賛助員会費」「御下賜金」等の歳入の増加とともに施設の発展の跡が窺われる。

「訪問者芳名

大森　治郎　殿	三宅　茂男　殿	福武　豊　殿
岡崎　政丘　殿	野崎　勲　殿	間壁　金一　殿
田口主事補　殿	西宮主事補　殿	笠岡済世委員諸氏
社会事業講習会員殿	台北　吉田碩造　殿	川崎　平造　殿
山形県方面委員諸氏	三宅　作五郎　殿	茨城県方面委員諸氏
倉敷済世員諸氏	東京　相田良雄　殿	矢掛済世委員諸氏
斎藤　牧次郎　殿	滋賀県方面委員諸氏	義田　四良夫　殿
熊本県方面委員諸氏	林　麟一　殿	東京　福原誠三郎　殿
高松町役場吏員諸氏	重近　二三　殿	河本　乙五郎　殿
佐藤　弘之　殿	横山　日省　殿	河崎　一　殿
静岡県方面委員殿	高松町済世委員諸氏	佐賀県養老院理事祖岩哲雄　殿
北海道　門上淨照　殿	佐藤　亮一　殿	三宅　弡　殿
内藤　儀一郎　殿	草地　順賀次　殿	山梨県方面委員殿
山梨県　上林大眞　殿	藤田　應一　殿	片山　利三郎　殿
岸　鹿光　殿	福井　長栄　殿」[29]	

◆ 第4節　戦時体制下における高齢者福祉施設 ◆

　わが国の戦時体制は1931（昭和6）年の満州事変，1937（昭和12）年の日華

事変の勃発に伴い国家総力戦の様相に変貌し，思想や経済を包括した軍需生産拡大主義の政策がとられていった。国民の生活も国防を目的とした政策のもとで労働力の供給，消費節約，生活改善等，教化運動が図られていった。

　1932（昭和7）年に創設された「全国養老事業協会」は養老事業の「処遇方法，職員の待遇，養老事業団体の連絡統制，社会の認識に対する啓蒙等を研究討論していくために，連絡報道と指導宣伝を目的」[30]として雑誌『養老事業』を1933（昭和8）年9月に刊行したが，臨戦態勢下のもとで1944（昭和19）年1月の34号をもって一時廃刊された。全国の養老院は「全国養老事業協会」の主催する「実務者講習会」「全国養老事業大会」等によって各地で実践展開をしていくことになったが，事務局を担当した「浴風会」が空襲の被害から他の施設への委託収容を余儀なくされたこともあり，養老院の全国的組織活動は敗戦まで停滞した。

　「報恩積善会」の実践においては，機関紙『報恩積善会養老年報』が1944（昭和19）年で廃刊となっている。表6-4には「昭和十八年度収容者増減及人員表」を示しているが，「実人員」47名中20名が「死亡」していることかがわかる。各年度の『岡山県統計年報』から「報恩積善会保護状況推移」を整理してみても，昭和13年度入会47名，退会3名，死亡11名，健康者14名，病弱者19名，昭和14年度入会52名，退会2名，死亡11名，健康者17名，病弱者22名，昭和15年度入会50名，退会4名，死亡14名，健康者13名，病弱者19名，昭和16年度入会62名，退会12名，死亡20名，健康者18名，病弱者12名となっており，つまり，入会者とともに死亡者が常に存在するという施設の生活状況が推察されるが，この点は「報恩積善会」に限定されたことではなく，例えば昭和19年度において「大阪養老院」の死亡率[31]は57.1％，「浴風会」の死亡率54.2％，「同和園」の死亡率44.2％，「別府養老院」の死亡者23名となっている[32]。高齢者の生活状況を調べる原史料が乏しいため，的確な表現はできないが，表6-5に示す「昭和拾壱年度救護者」には「九才」「三六才」「一四才」といった年齢の入所者が存在している。また，

第4節 戦時体制下における高齢者福祉施設　105

表6－4　昭和十八年度収容者増減及人員表

月別	性別	昭和十八年四月			五月			六月			七月			八月			九月			十月		
		男	女	計	男	女	計	男	女	計	男	女	計	男	女	計	男	女	計	男	女	計
越人員		一	一四	一五	一三	一二	二五	一三	一二	二五	一二	一二	二四	一三	一一	二四	一三	一一	二四	一一	一二	二三
収容		三	―	三	―	―	―	―	―	―	四	―	四	三	―	三	―	―	―	二	一	―
退院		―	―	―	―	―	―	―	―	―	―	一	一	―	二	二	―	―	―	―	―	―
死亡		一	二	二	一	一	二	一	一	二	二	―	二	一	一	二	一	一	二	二	一	二
月末實人員		一三	一二	二五	一三	一一	二四	一二	一一	二三	一四	一〇	二四	一四	一〇	二四	一三	一〇	二三	一一	一二	二三
延人員		三三五	三九九	七三四	三八三	三八六	七六九	三六二	三六〇	七二二	三九五	三五七	七五二	四二一	三六〇	七八一	三六一	三三〇	六九一	三五五	三一四	六六九

月別	性別	昭和十八年十一月			十二月			昭和十九年一月			二月			三月			合計		
		男	女	計	男	女	計	男	女	計	男	女	計	男	女	計	男	女	計
越人員		一一	一二	二三	一一	一二	二三	一一	一二	二三	一〇	一二	二二	八	一二	二〇			
収容		一	―	一	二	―	二	―	―	―	一	一	二	一	一	二	一四	八	二二
退院		―	―	―	―	―	―	―	―	―	二	―	二	―	―	一	六	一	七
死亡		一	―	一	一	二	三	一	―	一	一	―	一	一	―	一	一一	九	二〇
月末實人員		一一	一二	二三	一一	一二	二二	一一	一二	二二	八	一二	二〇	八	一二	二〇			
延人員		三六〇	三三〇	六九〇	三六二	三八二	七四四	三四一	三二五	六五六	三三四	二八一	六一五	三五二	二六八	六二〇	四、一七八	四、二六五	八、四四三

出所：『財團法人　報恩積善會養老年報　自昭和十八年四月一日至昭和十九年三月三十一日』

表6-5 昭和拾壹年度救護者

性別	番號	姓	年齢	在院期間	備考
男	三四號	西○	七二才	十二年	
男	五〇號	吉○	六四才	五年六月	
女	五三號	森○	七三才	五年	
女	五四號	伊○	六九才	四年九月	
男	七四號	藤○	五八才	四年二月	
女	五九號	藤○	四五才	三年八月	退會
男	六〇號	政○	八一才	三年三月	
女	八一號	政○	九才	三年二月	
男	六三號	垣○	三六才	三年一月	
女	六五號	矢○	六八才	二年七月	退會
男	九〇號	水○	一四才	二年二月	
女	六八號	山○	六六才	一年十一月	
男	九二號	大○	六八才	一年十一月	
男	九一號	牧○	八四才	一年十月	
女	九五號	矢○	六一才	一年九月	
男	九七號	遠○	七二才	一年六月	死亡
女	九八號	阿○	六三才	六月	
女	七五號	小○	七四才	十一月	退會
男	九九號	清○	六四才	一年一月	
男	一〇〇號	大○	七三才	七月	死亡
男	一〇一號	杉○	六〇才	九月	退會
男	一〇二號	光○	六三才	十月	死亡
男	一〇四號	白○	六九才	六月	死亡
男	一〇三號	三○	六七才	五月	死亡
女	一〇五號	塩○	七八才	六月	死亡
男	一〇六號	杉○	六七才	六月	死亡
女	一〇七號	金○	六八才	五月	死亡
女	七六號	高○	七七才	四月	死亡
女	七七號	九○	六八才	六月	
女	七八號	田○	六六才	六月	死亡
男	七九號	杉○	五一才	五月	
女	一〇六號	的○	六八才	四月	死亡
女	八一號	太○	七八才	五月	
男	八二號	岡○	七七才	五月	死亡
女	八三號	山○	七四才	二月	死亡
女	一〇七號	光○	七五才	四月	死亡
男	一〇八號	瀬○	六七才	二月	死亡
女	一〇九號	高○	七一才	二月	
男	一〇五號	住○	四五才	一月	退會
女	一一〇號	小○	七〇才	二月	退會
男	一一一號	丹○	七七才	一月	死亡
男	一一二號	森○	七七才	一月	
男	一一三號	井○	七九才	一月	

出所:『財團法人 報恩積善会養老年報 昭和拾一年度』昭和十二年一月

死亡者は「在院期間」が短くなっており、施設入所の段階では既に病に冒される等、重症の困窮した生活状態での救護措置がとられていたと推察される。施設の生活者の困窮は戦争の拡大とともに深刻化するが、戦火の中で養老院の消

失するケースもみられ，「広島養老院」のように原爆によってその歴史を閉ざす施設もあった。

〈注〉

1) 『創立85周年記念誌今昔物語』社会福祉法人報恩積善会，1997年，p. 39
2) 拙稿「高齢者福祉発達史の一断面（Ⅲ）―大正期の報恩積善会の成立と展開を中心に―」『岡山県立大学短期大学部研究紀要』第5巻，1998年，pp. 23～36
3) 全国社会福祉協議会老人福祉施設協議会編『老人福祉施設協議会五十年史』全国社会福祉協議会，1984年，p. 62
4) 同上書，p. 61
5) 補助金の交付年については，「報恩積善会養老事業院舎建築趣意書」の中では，「同十年以降岡山県知事より補助金下附。同十四年三月窪谷岡山市長より奨励金交附。」と記載されている。
6) 「吉備舞楽」の主催団体は「報恩積善会音楽部」「舞奏流吉備楽団」「岡山吉備舞楽団」への名称変更している。
7) 『報恩積善会養老事業報告（大正十一年十二月末発表）』大正十二年四月一日
8) 『報恩積善会養老事業報告（大正十二年十二月末表）』大正十三年四月一日
9) 『報恩積善会養老事業報告（大正十三年十二月末日表）』大正十四年一月二十五日
10) 『報恩積善会養老事業報告（大正十四年十二月末日表）』大正十五年一月十五日
11) 『報恩積善会養老年報 昭和六年度』
12) 同上資料
13) 「報恩積善会」の評議員となる石本於義太（1865～1937）は昭和4年の時期は岡山市医師会長であった。原澄治（1878～1968）は大原孫三郎の側近であり，中国信託社長，中国銀行取締役，中国民報社主となった人物である。また，国富友次郎（1870～1953）は岡山県教育会長，岡山市長に就任する等，報恩積善会の評議員には県内の社会事業に理解のある有力者が就任している。また，河本乙五郎（1869～1944）はキリスト教徒であり宗派を越えた支援組織であった。
14) 『報恩積善会養老年報（昭和七年度）』昭和八年一月
15) 『報恩積善会養老年報（昭和六年度）』
16) 同上資料
17) 『報恩積善会養老年報（昭和七年度）』昭和八年一月
18) 全国社会福祉協議会，前掲書，p. 71
19) 同上書，p. 72
20) 岡本多喜子「戦中期の養老事業に関する一考察（1931～1945）」『社会老年学』

第 21 号，東京大学出版会，1984 年，p. 85
21) 岡本多喜子「昭和初期における養老事業の動向」『社会事業研究所年報』17 号，日本社会事業大学社会事業研究所，1981 年，p. 131
22) 全国社会福祉協議会，前掲書，pp. 84～85
23) 『報恩積善会養老年報（昭和七年度）』昭和八年一月
24) 『財団法人　報恩積善会養老年報　昭和九年度』昭和十年一月
25) 『財団法人　報恩積善会養老年報　昭和拾年度』昭和十一年一月
26) 『財団法人　報恩積善会養老年報　昭和拾一年度』昭和十二年一月
27) 『財団法人　報恩積善会養老年報　昭和九年度』昭和十年一月
28) 『財団法人　報恩積善会養老年報　昭和拾一年度』昭和十二年一月
29) 同上資料
30) 全国社会福祉協議会，前掲書，p. 75
31) 死亡率 $=\dfrac{死亡者数}{前年末在籍者数 + 新入園者}$
32) 全国社会福祉協議会，前掲書，p. 107

第7章

「社会事業法」期の報恩積善会

◆ 第1節　はじめに ◆

　『岡山県社会事業施設一覧（昭和二年版）』岡山県社会課によると、「救護施設（養老施設）」として、「報恩積善会」岡山市四番町、「小桜養老院」児島郡山田村、「財団法人服部養老会」邑久郡牛窓町、「倉敷町養老資金」都窪郡倉敷町、「矢神村済世住宅」阿哲郡矢神村が記載されている[1]。その後、『岡山県社会事業施設一覧（昭和十五年版）』岡山県学務部社会課では、「小桜養老院」「矢神村済世住宅」がなくなり、新に「岡山市友楽園」「倉敷厚生館」「津山報恩養老院」が加わっている[2]。

　「小桜養老院」は1925（大正14）年2月3日、藤原保太によって「独力経営ニヨリ扶養者ナキ老人ヲ収容救護ス」事業として開始された[3]。1928（昭和3）年1月の『連帯時報』には「小桜養老院の老人募集」の記事も載っているが[4]、戦前期に消滅している。「矢神村済世住宅」は1925（大正14）年7月1日、矢神村済世会が創立したが、1930（昭和5）年発行の『岡山県社会事業施設一覧』には記載されていない。1931（昭和6）年には岡山市弓之町に「聖心愛子会養老院」が開設されるが[5]、戦前期に姿を消している。つまり戦前期に岡山県で創立され現在も継続して運営されている民間の養老院（事業）は、「服部養老会」と「報恩積善会」のみである。1928（昭和3）年10月3日、津山市に創設された「津山報恩養老院」は戦後1947（昭和22）年市に移管され、「津山養老院」と改称、1954（昭和29）年には「津山市立ときわ園」と改称された[6]。

本稿は民間の養老院の「社会事業法」期の実践を分析することを主眼とするが,「服部養老会」については既に坂本忠次による研究も行われており[7],第7章では「報恩積善会」の「社会事業法」期の実践史を基盤に論述する。「社会事業法」は周知のとおり,1938(昭和13)年4月1日に公布,7月1日より施行された。「社会事業法」は第11条の規定により補助金の交付が行われ,昭和13年度から対象団体数,金額ともに増加した[8]。なおこの法律は現実には社会事業への助成より,国家的統制,監督強化が目的に制定されたものであり,小川政亮は「まさに国家総動員体制下では社会事業法も統制強化立法であり治安立法たる色彩をもたされたのである」と指摘している[9]。本稿は戦時体制下の中で成立した「社会事業法」期の養老院の現実についてひとつの施設の内実の視点から「報恩積善会」の実践を通して考察する[10]。

◆ 第2節　戦時体制下の財源 ◆

1. 中央組織との関係

1912(大正元)年9月に創設された「報恩積善会」は,『報恩時報第一回』大正三年九月二十四日を発刊し,その後『報恩積善会養老事業報告』『報恩積善会養老年報』という年次報告書を発刊している。大正期,昭和期を通してこうした年次報告書は当時の養老事業施設にとっては賛助会員の確保,施設の地域住民への理解,行政への報告,財源維持への手法等,施設の社会化,地域化の意味では重要な出版物であった。例えば中国四国地区では「広島養老院」(広島市)が『広島養老院概要』,「愛媛養老院」(西宇和郡八幡浜町)が『事業報告』を発刊していたものが現存する。「報恩積善会」では昭和8年度以降は『財団法人報恩積善会養老年報』という名称で発刊している。この年次報告書から「社会事業法」期の施設の運営等が読み取れる。

1931(昭和6)年6月岡山市津島の敷地に居住棟(定員30名)を新築,本拠地を移転した。初代会長田渕藤太郎は1928(昭和3)年1月に死亡し,妻はつが会長として事業を継続する。1931(昭和6)年2月「恩賜財団慶福会」から

建築助成金1,500円が交付されるが，昭和6年度の年次報告書の表紙には以下のような文章が記載されていた。

「本会ノ光栄

報恩積善会

本会ハ御下賜金ノ趣旨ヲ奉戴シ貴会事業助成トシテ金壱千五百円ヲ交付ス
昭和六年二月十一日

恩賜財団慶福会々長

子爵　　清浦　奎吾

本会ノ感激

今上皇后両陛下御成婚ノ際畏クモ　　先帝陛下ノ思召ヲ以テ御内帑金百萬円ヲ社会事業基金トシテ御下賜アラセラレマシタ而シテ各種ノ社会事業ヲ審査シテ助成金ヲ交付セラルルノデアリマス本年紀元ノ佳節ニ方リ本会ハ金壱千五百円也助成ノ恩賜ニ浴スルノ光栄ヲ擔フ洵ニ天恩優渥恐懼感激ニ堪ヘマセン就テハ益々協力奮励聖旨ニ奉答センコトヲ期スル次第デアリマス

社会仁人に謝す

本会が斯く認められる、までに達したるは偏に大方各位の多大なる御指導と御後援の結果に依ること、当事者一同感謝に堪えざるところであります今後一層奮励して予期の成績を上げ以て社会の期待に應へんとす
何卒一段の御指導と御援助をお願ゐたします

報恩積善会」[11]

また，昭和9年度の年次報告書の表紙は下記のようになり，中央との関連が意識されるものとなっている。

「報恩積善会

今般其事業御奨励ノ思召ヲ以テ金一封下賜候事
昭和九年二月十一日

宮内省

報恩積善会

社会事業ニ関シ従来盡力スル所尠カラズ今後尚一層淬励シテ其ノ効果ヲ収メム
コトヲ望ム仍テ茲ニ奨励金ヲ下付ス
昭和九年二月十一日
　　　　　　　　　　　内務大臣従三位勲一等
　　　　　　　　　　　　男爵　　　山本　達雄
紀元節ノ佳辰ニ際シ上記ノ通リ御下賜ノ恩命ニ浴シマシタ事ハ大方各位ノ甚大
ナル御援助ニ依リ斯クノ如キ光栄ニ接シ恐懼感謝ニ堪ヘマセン
我等当事者ハ尚一層淬励シテ此ノ優渥ナル御聖旨ニ副ヒ奉ラン事ヲ誓ツテイマ
ス
　　　　　　　　　　　　会長　　田淵　はつ」[12]

　昭和11年度の年次報告書には「本会ノ光栄」として「一，宮内省御下賜金　一，内務大臣奨励金　一，岡山県補助金　岡山市補助金　一，岩崎合名会社助成金　一，三井報恩会助成金」[13] が記載されている。また，同じ頁に「維持方法」として「諸官衙ノ補助金及会員ノ賛助金臨時寄附金及事業部収入等ニ依ル」[14] とあるが，次年度の報告書からは「事業部収入」の文字が消えている。ただし収支決算表には「事業収入金」はみられ，昭和12年度「六一九.三四」[15]，昭和13年度「九.〇〇」[16]，昭和14年度「五〇.八七」[17]，昭和15年度「二〇.八〇」[18]，昭和17年度「五四四.八五」[19]，昭和18年度「二八四.〇〇」[20] となっている。表7−1には昭和12年度の収支決算表を，表7−2には昭和15年度の収支決算表を示しているが，昭和15年度以降は「御下賜金」が「収入之部」の先頭に置かれている。また，昭和15年度から「賛助員会費」の項目がなくなる。同時に，昭和14年度から補助金等は「諸官庁補助金及奨励金」に統合され，昭和15年度からは「収入之部」の2番目に据えられた。こうした意図あるいは現象は，中央との関連あるいは公的施設であることを意識した記載方法であると考えられる。また，昭和11年度の報告書には下記のような「訪問者芳名」が載せられており，全国的視点で情報を得ていた一端が伺える。

第2節　戦時体制下の財源

表7-1　昭和拾弐年度収支決算表

歳入之部		歳出之部	
賛助員会費	一,九三八、五〇	事務費	
御下賜金	一〇〇、〇〇	職員手当	六〇九、六五
内務省御下賜金	二〇〇、〇〇	需要費	二〇三、二四
厚生省御下附金(十一年度分)	三〇〇、〇〇	電話費	七三、六六
岡山県補助金	二二〇、〇〇	雑費	五三、四四
岡山市補助金	二二〇、〇〇	養老事業費	
三菱合資会社助成金	三〇〇、〇〇	被服寝具費	四三、九九
臨時寄附金	四一、〇〇	賄費	二,二八六、九一
委託交附金	一,四三〇、八三	燃料費	三七一、九〇
集米見積金	二六八、〇〇	医薬衛生費	二八〇、八四
事業収入金	六一九、三四	慰安費	一三三、〇〇
財産収入金	四七、二六	看護諸費	五三〇、七五
雑収入金	三、四一	佛事費	二九三、五六
寄附募集金ヨリ繰入	六五〇、〇〇	雑費	一八四、七二
別途積立金ヨリ繰入	一〇〇、〇〇	雑支出	
昨年度繰越金	二三七、六一	財産管理費	三三八、七〇
合計金	七〇二五、九五	維持費	六八八、六五
		基本金積立	六四七、二六
		借入金支払	一〇〇、〇〇
		合計金	六,八三〇、二七

差引金　壱百八十五円六十八銭也

昭和十三年度へ繰越

出所:『財団法人　報恩積善会　養老年報〔自昭和十二年四月一日　至昭和十三年三月三十一日〕』

「訪問者芳名

大森　次郎　殿	静岡県方面委員殿	東京　福原誠三郎殿
福武　豊　殿	佐賀県養老院理事　祖岩哲雄殿	
野崎　勲　殿	北海道　門上浄照殿	全　上林大眞殿
田口主事補　殿	三宅　亞　殿	重近　二三　殿
笠岡済世委員諸氏	三宅　茂男　殿	佐藤　弘之　殿
台北　吉田碩造殿	岡崎　政丘　殿	河崎　一　殿

第7章 「社会事業法」期の報恩積善会

山形県方面委員諸氏	間壁　金一　殿	高松町済世委員諸氏
茨城県方面委員諸氏	西宮主事補　殿	佐藤　亮一　殿
東京　相田良雄殿	社会事業講習会員殿	内藤　儀一郎　殿
齊藤　牧次郎　殿	川崎　平造　殿	草地　順賀次　殿
義田　四良夫　殿	三宅　作五郎　殿	山梨県方面委員殿
林　　麟一　殿	倉敷済世委員諸氏	藤田　鷹一　殿
高松町役場吏員諸氏	矢掛済世委員諸氏	片山　利三郎　殿
河本　乙五郎　殿	滋賀県方面委員諸氏	岸　　鹿光　殿
横山　日省　殿	熊本県方面委員諸氏	福井　長栄　殿」[21]

　このように全国の社会事業関係者との交流，中央との関連の強化，公的施設への意図とは反対に施設主体の考えとして地域社会に発信していた文章が昭和11年度の報告書をもって消えていることも事実である。つまり，昭和7年度は「仁人に告ぐ」昭和8年度は「事業に就て御願ひ」昭和10年度昭和11年度は題名はないが，各年次報告書の表紙全面を使って文章が載せられている。例えば昭和11年度には以下のような文章が載せられた。

　「人は親死ね，子死ね，孫死ねと順当に一生を過ごされるならば一家の悲劇も起りませず老いても心丈夫でありますけれども，この常道に乗れぬ家庭が往々あります，夫婦は子孫繁殖の約束であるに子供が授からず，また実子は無くても相続者は何処かに養はれて居る筈なるに，その養子さへ授からぬ人も往々あります，斯かる人達は眞家庭的には大きな不幸であります，況して生活に窮して寒さに凍へ飢に泣く孤独の老齢者の非難は，想像も及ばぬ気毒な方と申さねばなりませぬが夫々因縁の極め事による実相ならんも今はそを詮議する時機は既に過ぎ去りました，しかもこの境遇に悩める人達は益々増加するの世情であります，之れを社会の癈残者として顧みぬとしたなら礼教は癈たり，人道上大きな問題と心得ます，茲に社会組織の上に養老事業が起るのであります。

吾が報恩積善会は忝くも宮内省，内務省を始め公私多方面より熱烈な御同情を持ちまして，昭和十一年度収容実人数四十五名で延人員にすれば実に九千六百五十二人でありまして，死亡者十二人，退会者六人現在二十七人で年越を致しました，創立以来収容総数百九十八人，延人員九萬弐千四百十七人であります，斯様に逐年業績の挙れるは全く篤志諸氏の陰徳を積まれたる賜でありまして同人等の誠に感謝に堪へぬ処であります．

　爰に謹みて御礼を申し上げますと同時に尚将来一層の御賛助と御指導を希上ます．」[22]

　上記のような施設側からの発信は昭和12年度からは消え，下記に示す「概要」をそれ以降は表紙に載せている．つまり，一面的分析視点ではあるが，施設主体の言葉が消え，肯定的視点からいえば，整理化された，機械化された報告書へと変化しているが，別の視点から分析すると，物言わぬ報告書，独自性に欠ける報告書へと変貌したともいえる．

　　　　「財団法人報恩積善会概要
◎創立　大正元年九月二十四日
◎組織　財団法人（昭和八年十二月十五日認可）
◎位置　岡山市津島三千三百十二番地
◎目的　報恩反始ノ趣旨ニ依リ年齢六十歳以上ノ者ニシテ自活ノ能力ナク扶養
　　　　者ナキモノヲ救護スルヲ以テ目的トス
◎事業　本会ハ前條ノ目的ヲ達スル為メ左ノ事業ヲ行フ
　　　　一，収容救護
　　　　一，前項ノ外必要ナル各種救護事項
◎維持　宮内省御下賜金，諸官衙ノ補助奨励金及会員ノ賛助金，臨時寄附金，
　　　　基本金利子等
◎定員　四十名

◎設備内容 ｛ 敷地総坪数　　三八四坪八合
建物立坪数　　六棟　九二坪
納骨堂　　　　一棟
事務室一，應接室一，会議室一，職員居室三，炊事室一，食堂二，収容室一三，礼拝室一，浴室一，倉庫等（収容室ニハ各寝台ヲ設置ス）」[23]

　上記の「概要」はそれなりに理路整然とした表記ではある。ただし，先にも述べたが中央との関連は施設を存続させる上ではその時代の中にあって必然的手法であった。それは戦火の中へと無謀な戦略を推し進めた国家体制にとって，養老院といえども全力で協力していかなければならなかった。施設の言葉（文章）が年次報告書の表紙から消えた1937（昭和12）年7月には盧溝橋事件が起こった。8月には上海で日華両軍が衝突し，北京入城，10月国民精神総動員中央連盟が成立している。翌年，1938（昭和13）年4月，「国家総動員法」を公布，第2次世界大戦へと突入する時代であった。

2．寄附行為

　昭和12年度，昭和13年度，昭和14年度の年次報告書には下記のような「寄附行為」が記載された。
「財団法人報恩積善会寄附行為
　　　第一章　名称及事務所
第一條　本会ハ財団法人報恩積善会ト称シ事務所ヲ岡山市津島三千三百十二番地ニ置ク
　　　第二章　目的及事業
第二條　本会ハ報恩反始ノ趣旨ニ依リ年齢六十歳以上ノモノニシテ自活ノ能力ナク扶養者ナキモノヲ救護スルヲ以テ目的トス
　　　但シ前項以外ノ薄幸者ヲモ救護スルコトヲ得

第三條　本会ハ前條ノ目的ヲ達スル為メ左ノ事業ヲ行フ
　一，養老院ヲ経営シ第二條該当者ヲ収容扶養スルコト
　二，前項ノ外必要ナル各種救護事項
　　第三章　資産及会計
第四條　本会設立当時ノ資産ハ別紙財産目録ニ掲グル財産ヲ以テ組織シ右全部ヲ基本財産トス
第五條　本会ノ目的ヲ翼賛スルタメ寄附スル金品ハ資産ニ編入ス　但シ必要ニ應ジ評議員会ノ議ヲ経テ経費ニ支弁スルコトヲ得　指定寄附ニ付テハ其ノ指定ニ従フ
第六條　本会ノ資産ヲ以テ公債証書其ノ他確実ナル有価証券ヲ購入シ又ハ不動産ヲ購入スルコトヲ得
　　　　現金及有価証券ハ確実ナル銀行又ハ信託会社又ハ郵便官署ニ預入ル、モノトス
第七條　本会ノ経費ハ資産ヨリ生ズル収入及第五條但書ノ寄附金並ニ第九條ノ会費其ノ他収入ヲ以テ之ヲ支弁ス
第八條　本会ノ会計ハ一般ノ会計年度ニ依ル
　　第四章　会員
第九條　本会ノ目的ヲ賛助スル会員ハ左ノ四種トス
　　　　名誉会員　本会ニ功労顕著ナル者又ハ一時金壱百円以上納ムル者
　　　　特別会員　毎年金五円ヲ納ムルカ又ハ一時金五拾円以上納ムル者
　　　　正会員　　毎年金弐円ヲ納ムルカ又ハ一時金弐拾円以上納ムル者
　　　　普通会員　毎年金壱円ヲ納ムルカ又ハ一時金拾円以上納ムル者
　　第五章　役員
第十條　本会ニ左ノ役員ヲ置ク
　一，理事　二名
　　　　理事ノ一名会長トス理事ハ同時ニ評議員タルモノトス
　　　　会長及理事ハ評議員会ニ於テ本会ニ縁故アル者ノ中ヨリ選挙ス

二，監事　二名以内
　　　　監事ハ評議員会ニ於テ選挙ス
　　三，評議員　若干名
　　　　評議員ハ会長之ヲ嘱託ス
第十一條　理事，監事，評議員ノ任期ハ三ヶ年トス　但シ再任ヲ妨ゲズ
　　　　補欠者ノ任期ハ前任者ノ残任期間トス役員ハ任期満了後ト雖モ後任者ノ就任スル迄仍其ノ職務ヲ行フモノトス
第十二條　本会ニ評議員会ノ議決ヲ経テ顧問ヲ置クコトヲ得
　　第六章　職務権限
第十三條　会長ハ本会ノ会務ヲ総理シ本会ヲ代表ス理事ハ会務ヲ管理シ会長事故アルトキ其ノ職務ヲ代理ス監事ハ専ラ会計ノ事ヲ監査ス評議員ハ評議員会ニ出席シテ其ノ権限ニ関スル事項及其ノ他主要ナル事項ヲ審議ス
　　第七章　評議員会
第十四條　評議員会ノ招集並ニ開閉会及議長ノ職務ハ会長之ヲ掌ル
第十五條　評議員又ハ監事二名以上ヨリ会議ノ目的タル事項ヲ示シテ請求シタルトキハ会長ハ評議員会ヲ招集スルヲ要ス
第十六條　評議員会ハ二分ノ一以上出席スルニアラザレバ開会スルコトヲ得ズ但シ同一事項ニ付キ招集再回ノ場合ハ此ノ限リニアラズ
第十七條　評議員会ノ議事ハ過半数ヲ以テ之ヲ決ス可否同数ナルトキハ議長ノ決スル所ニヨル
第十八條　評議員会ニ附議スベキ事項左如シ
　　一，資産ノ管理及処分ニ関スル事項
　　二，予算ノ評決及決算承認ニ関スル事項
　　三，其他会長ニ於テ必要ト認メタル事項
第十九條　本寄附行為ニ必要ナル細則ハ評議員会ノ議ヲ経ヲ之ヲ定ム
第二十條　本寄附行為ハ評議員三分ノ二以上ノ同意を得テ主務官庁ノ認可ヲ経

ルニ非ラザレバ変更スルコトヲ得ズ」[24]

　表7−2の収支決算表において「寄附募集金」「臨時寄附金」は全収入の4割弱を占めており，地域住民の支援がなければ経営は成り立たなかった。戦時下の中で寄附金も集まりにくくはなっていくが，1940（昭和15）年度以降を示せば次のようになる。1940（昭和15）年度「寄附募集金」二九七六.一九，「臨時寄附金」一三〇.六〇[25]，1941（昭和16）年度「寄附募集金」二四一五.六五，「臨時寄附金」二七六.五八[26]，1942（昭和17）年度「寄附募集金」二一〇七.三五，「臨時寄附金」二八八.〇〇[27]，1943（昭和18）年度「寄附募集金」二五二五.二五，「臨時寄附金」二五一.〇〇[28]。

表7−2　昭和拾五年度収支決算表（自四月至三月）

歳　入　之　部		歳　出　之　部	
御下賜金	一〇〇.〇〇	事務費	
諸官庁補助金奨励金	一七一五.〇〇	職員手当	一〇一一.六〇
寄附募集金	二九七六.一九	需要費	一四七二.九八
臨時寄附金	一三〇.六〇	電話費	七六.九七
委託交附金	二三九.三一	雑費	五四.九一
事業収入金	二〇.八〇	養老事業費	
財産収入金	三六.五三	被服寝具費	三〇.六八
雑収入金	三.二〇	賄費	二七四九.八二
準備積立金繰入	六〇〇.〇〇	燃料費	五三〇.四三
昨年度繰越金	一五三二.三七	医薬衛生費	四四五.四〇
合計金	八三二五.〇〇	慰安費	一六九.九〇
		看護諸費	九五二.五四
		佛事費	二七六.〇一
		雑費	一七一.二三
		雑支出	
		財産管理費	二七四.四四
		維持費	三四六.四九
		基本金積立	一〇〇.〇〇
		合計金	七六六三.四〇
差引金　参百六拾壱円六拾銭也		昭和十六年度へ繰越ス	

出所：『財団法人　報恩積善会　養老年報　{自昭和十五年四月一日　至昭和十六年三月三十一日}』

3. 社会事業法施行後の補助金

「社会事業法」施行後は既に述べたが，第11条の規定により補助金を交付することになったが，「国庫補助金の増額が行われた一方で，地方費補助金は補助対象団体数及び金額ともに大きく減少した」[29]といわれている。「厚生省生活局保護課調」によると，1936（昭和11）年度，「道府県」の場合，団体数3,718，金額776,682円であったが，1938（昭和13）年度，団体数756，金額419,300円に減少した。「市町村」においても1936（昭和11）年度，団体数3,520，金額472,088円であったが，1938（昭和13）年度には団体数683，金額203,140円へと減少している[30]。「報恩積善会」の場合，1935（昭和10）年度岡山県補助金200円，岡山市補助金150円[31]，1936（昭和11）年度岡山県補助金220円，岡山市補助金100円[32]，1937（昭和12）年度岡山県補助金210円，岡山市補助金200円[33]，1938（昭和13）年度岡山県補助金250円，岡山市補助金100円，1939（昭和14）年度岡山県補助金250円，岡山市補助金200円，1940（昭和15）年度岡山県補助金250円，岡山市補助金200円[34]，1942（昭和17）年度岡山県補助金320円，岡山市補助金300円，1943（昭和18）年度岡山県補助金200円，岡山市補助金200円となり，1938（昭和13）年度に岡山市補助金が減少しているが，その後は暫く増加傾向となり「社会事業法」による影響は一過性のものであった。なお，「社会事業法」により「報恩積善会」に下付された厚生省補助金は1938（昭和13）年度500円，1939（昭和14）年度750円，1940（昭和15）年度750円，1941（昭和16）年度750円，1942（昭和17）年度750円，1943（昭和18）年度750円，1944（昭和19）年度750円，1945（昭和20）年度800円[35]となる。一団体当たりの全国平均は1938（昭和13）年553円，1939（昭和14）年831円，1940（昭和15）年755円，1941（昭和16）年580円であったことから[36]，全国平均との大差はみられない。なお，岡山県の団体に対する1941（昭和16）年度の厚生省補助金の平均は443円であった[37]。

◆第3節　従事者及び役員◆

　昭和13年度の年次報告書には,「職員」として「名誉会長富田金一　会長田渕はつ　賛助医安本義雄　事務員田渕禎一　看護人二名　外に外交員四名必要時に手伝スルモノトス」と記載されている。その後の職員体制をみると,1941（昭和16）年度から外交員は3名となっているが,それ以外は同じ体制であった。「職員手当」を「歳出之部」から取り出してみると,1938（昭和13）年度714円89銭[38],1939（昭和14）年度841円12銭[39],1940（昭和15）年度1,011円60銭[40],1941（昭和16）年度1,019円71銭[41],1942（昭和17）年度1,125円51銭[42],1943（昭和18）年度1,025円45銭[43]と幾分上昇している。

　1932（昭和7）年に創設された「全国養老事業協会」は1939（昭和14）年から「養老事業実務者講習会」を開き施設職員の研修の場として貴重な教育機能を果たしていた。「報恩積善会」からは1941（昭和16）年の「講習会」に田渕幾野が受講している。幾野は田渕禎一の妻であり,はつ,禎一とともに戦前戦後の「報恩積善会」を支えた一人である。1941（昭和16）年の「養老事業実務者講習会」は東京市杉並区高井戸の「浴風会」を会場に10月27日から11月2日まで一週間開かれた。「講習科目」は「一,養老事業概説　二,収容老人ノ処遇ニ就テ　三,老人ノ心理　四,老人ノ整理衛生　五,老耄者ノ取扱ニ就テ　六,養老事業ト宗教　七,社会事業法令大要　八,我邦社会事業ノ趨勢　九,科外講演　以上外ノ実習見学及実験談ノ交換等」[44]であり,戦時下の中にあって,一週間上記の科目を受講できること自体,受講者にとっては貴重な体験であった。なお受講者は以下の10名である。「大阪弘済会　林元亮,浴風会横浜分園　水口徳雄,浴風会高崎希望館　青木力三郎,松江老人ホーム　角井義雄,愛媛老人ホーム　後藤福市,富山慈済院　宇野津外雄,旭川市養老院　竹原キノ,広島養老院　本林久我子,神戸市救護院　目加田照子,報恩積善会　田渕幾野」[45]。田渕幾野は『養老事業』に次のような感想を載せている。

　「講習会に参加してのよろこび

第7章 「社会事業法」期の報恩積善会

　　　　　　　　　　財団法人報恩積善会　　田渕幾野

　昭和十六年十月と云へば，私に取つては思ひ出深い修養の月となりました。長い間，こつこつと只老人の世話病人の看護にのみ明暮を過しておりましたが，時代と共に私達も時局に相應しい認識を持ちたい，又常々同じ仕事においそしみの皆様の御様子をも御聞きする機会もあらばと思つてをりました処，はからずも此の度養老事業実務者の講習会に参加さして戴く事が出来まして，此の上もない喜びと期待に満ちて上京をいたしました。只岡山にある二つの養老院だけ見てゐる私に取つては，先づ浴風会を見せて頂いただけで，余りにも立派で設備の行届いてゐるのに驚いてしまひました。その上一週間毎日の如く諸先生の御講話を拝聴したり，各所の社会事業施設を見学させて頂いて，もつと時局の認識を深めこれに即應する様に，そしておひ先の短い老人達の安住所とならしめる様改善努力しなければならないと思ひました。又自分のつたない働きでも，少しは社会に貢献する事が出来ると云ふ自身のもとに働いてゐても，長い年月の内には，時として自分だけが捨石の様なわびしい気持ちになる事もありましたが，今度の講習会により，今更の様に自分の仕事の尊さを感じかうした機会に恵まれた事を感謝すると共に，先生達の御教をしつかりと胸に抱いて不幸なる老人の為め尚一層努力して出来得る限り働かうと決心いたしました。一年中老人達とばかり生活し，修養の機会に乏しい私達には，かうした会合の席にも時々は寄せて頂き，諸先生の御講義を拝聴したり，皆様の御経験なり御抱負を聞かせて頂いて，我が身の修養に努めたいと念じてをります。」[46]

　「講習会」は1939（昭和14）年から1942（昭和17）年まで年に一回開催されたが，岡山県から田渕幾野以外は，1939（昭和14）年に「津山報恩養老院」から浅沼見功が受講した[47]。

　昭和7年度の年次報告書に「役員」が初めて記載された。「評議員石本於義太　原澄治　国富友次郎　河本乙五郎　守屋松之助　横山日省　杉山栄　理事富田金一　田渕はつ」[48]であるが，その後の年次報告書には「役員」の欄が設けられている。これは施設の支援体制を強化する意図からのものである。昭和

13年度の「役員」は「評議員原澄治　国富友次郎　河本乙五郎　横山日省　杉山栄　監事佐藤日柱　理事富田金一　田渕はつ」[49]となっている。原澄治（1878~1968）は倉敷絹織取締役，中国銀行取締役，大原美術館監事，中国民報社主，四国民報社主，岡山県済世顧問制度初代済世顧問等を歴任，また倉敷人事相談所，倉敷職業紹介所を設置した[50]。国富友次郎（1870~1953）は就実高等女学校長，岡山市長，吉備保育会を創立，岡山県教育会長，岡山市教育会長，備作恵済会長等を歴任した[51]。河本乙五郎（1869~1944）はキリスト教徒であり，岡山南日曜学校を創設，岡山孤児院が財団法人になった時大原孫三郎らと評議員に就任，岡山禁酒会館監事等を努めた[52]。横山日省（1886~1980）は不受不施日蓮講門宗（日蓮系宗旨）歴代四十世であり，御津郡御津町の久遠山本覚寺第三世住職であった。杉山栄は山陽新報社編集局長，取締役，合同新聞社副社長に就任，戦時中の新聞経営に労苦を重ねた。戦後は岡山県社会教育協会副会長，日本大学教授となった[53]。佐藤日柱（1883~1942）は不受不施日蓮講門宗（日蓮系宗旨）歴代三十九世であり，久遠山本覚寺第二世住職であった。冨田金一は旧久米郡鶴田村（現御津郡建部町鶴田）の村長，岡山県職員を勤歴[54]，日本赤十字岡山支部事務長[55]，愛国婦人会県主事，愛国婦人会立実習女学校設立に貢献した[56]。こうした県内における行政，経済，報道，社会事業，教育，宗教等関係者を役職に置くことによって支援組織および賛助員体制の構築化を図っていた。

◆ 第4節　生活者の状況 ◆

昭和13年度の年次報告書では入所「定員」を「四十名」と記載している。この定員は戦前最後の年次報告書となる昭和18年度まで変わっていない。なお，表7−3に示す「岡山県統計年報」の「保護状況推移」からもわかるように，生活者数は定員を満たしていない。表7−4に示す各年次報告書からの引用による「年度末人員」も1938（昭和13）年度の33名が最も多いことになる。ただし，入会状況は，表7−3をみる限り昭和10年代から「年度入会」が

表7-3 報恩積善会保護状況推移

	昭和	2	3	4	5	6	7	8	9	10	11	12	13	14	15	16
入会	前年ヨリ越	9	7	11		11	16	17	18	21	23	30	22	33	24	26
	本年入会	10	10	8		8	15	13	12	14	25	19	25	19	26	36
	計	19	17	19		19	31	30	30	35	48	49	47	52	50	62
退会	扶養義務者へ引渡	2	6	5		3	2	5	0	2	6	4	3	2	4	12
	事故	2	0	0		0	0	0	1	0	1	0	0	0	0	0
	計	4	6	5		3	2	5	1	2	7	4	3	2	4	12
	死亡	5	0	2		0	12	5	9	10	12	23	11	11	14	20
年度末現在	健否別 健康者	6	4	7		9	8	11	10	10	11	9	14	17	13	18
	健否別 病弱者	4	7	5		7	9	7	9	13	19	13	19	22	19	12
	年齢別 60才未満	2	2	2		2	2	8	4	5	3	6		9		
	年齢別 61—70才	2	3	7		6	2	6	0	12	1	6		22		
	年齢別 71—80才	2	5	2		4	0	3	0	5	1	4		7		
	年齢別 80才以上	0	1	1		4	0	1	0	1	1	6		4		
備考																

出所:『岡山縣統計年報』各年より作成

表7-4 昭和10年度以降入退,死亡等状況

	昭和10年度		昭和11年度		昭和12年度		昭和13年度		昭和14年度		昭和15年度		昭和16年度		昭和17年度		昭和18年度	
性別	男性	女性	男性	女性	男性	女性	男性	女性	男性	女性	男性	女性	男性	女性	男性	女性	男性	女性
入院					10	9	13	12	13	7	13	13	16	10	18	12	14	8
退院	2	1	4	2	1	3	3	0	3	3	4	0	8	4	7	3	6	1
死亡	5	7	7	5	12	11	6	5	13	10	7	7	9	11	13	8	11	9
年度末人員	22		27		22		33		24		32		26		25		20	

出所:各年次報告書より引用,作成

増加している。定員を満たしていないという表現は,別の見方をすれば,それだけ死亡する高齢者が多いことを物語っている。表7—4の各年次報告書からの引用からもわかるように,1937(昭和12)年度1943(昭和18)年度は「年度末人員」より「死亡」の数が上回る,あるいは同数という状況にあった。

第4節 生活者の状況

表7-5 昭和十六年度収容者増減及人員表

月別	性別	昭和十六年四月			五月			六月			七月			八月			九月			十月		
		男	女	計	男	女	計	男	女	計	男	女	計	男	女	計	男	女	計	男	女	計
越人員		三	一八	四	三	一六	五	三	一六	五	三	〇七	三	三	〇七	三	三	〇六	四	三	一四	七
収容		三	二	一	｜	｜	｜	｜	｜	｜	四	一	三	二	｜	二	四	一	三	二	｜	二
退院		｜	二	二	｜	｜	｜	一	｜	三	一	三	｜	一	｜	一	｜	｜	｜	三	二	一
死亡		｜	二	二	｜	｜	｜	一	｜	一	一	｜	一	｜	｜	｜	｜	｜	｜	二	｜	一
月末実人員		三	一六	五	三	一六	五	三	〇六	四	三	〇七	三	三	〇六	四	三	一四	七	三	一四	七
延人員		九 九二 二	五 四四 五	四 四七 七	九 六一 二	四 九四 〇五	四 六五 五	九 四八 三	四 四〇 三	四 六七 〇	九 八三 八	五 一六 三	四 六七 五	九 二八 八	五 一三 五	四 一五 四	九 六四 四	五 一一 〇	四 五四 四	九 六七 一	五 四五 一	四 一四 四

月別	性別	昭和十六年十一月			十二月			昭和十七年一月			二月			三月			合計		
		男	女	計	男	女	計	男	女	計	男	女	計	男	女	計	男	女	計
越人員		三	一四	七	三	一四	七	一	二七	三四	一	二九	四五	一	二六	三四		/	
収容		｜	二	二	｜	｜	｜	五	二	三	一	｜	一	三	二	一	一	〇六	二六
退院		｜	｜	｜	｜	｜	｜	｜	｜	｜	一	｜	一				二	四	八
死亡		二	一	三	四	一	｜	一	一	｜	四	二	二	二	一	一	二	〇	九
月末実人員		三	一一	七	二	一七	三四	二	二九	四五	二	二六	三二	二	二六	三三		/	
延人員		九	五一	四〇	九	四一	四一	八	四四	四三	七	三三	三九	八	三四	四九	一〇	五四五	五四六
		九	七一	〇七	一	〇六	一九	六	二二	〇三	三	二九	九九	八	二九	三二	九	六二	八〇

昭和十六年度
（実人員　五八名
　延人員　一〇、九七〇名）

創立以来
（実人員　三一九名
　延人員　一四四、六七六名）

出所：『財団法人　報恩積善会養老年報　自昭和十六年四月一日至昭和十七年三月三十一日』

1941(昭和16)年度20名, 1942(昭和17)年度21名, 1943(昭和18)年度20名の死亡が確認されるが, こうした戦時下での死亡者の増加は「報恩積善会」に限られたことではなく, 例えば「福岡養老院」の場合, 1938(昭和13)年度10名, 1939(昭和14)年度10名, 1940(昭和15)年度16名, 1941(昭和16)年度20名, 1942(昭和17)年度20名, 1943(昭和18)年度18名, 1944(昭和19)年度19名と年ごとに死亡者が増加している[57]。また死亡は冬期に多い傾向がある。表7—5には1941(昭和16)年度の状況を示しているが12月4名, 1月2名, 2月4名の死亡があった。

また, 死亡者と同時に病気を抱える高齢者も多いことがわかる。表7—6は岡山市に提出する「社会事業(養老)」から作成したものであるが, どの年度も「病弱者」の数が「健康者」数を上回っていることがわかる。そのため医療等にかかる費用も多くなると推察されるが, 各年度の収支決算表の「歳出ノ部」における「医薬衛生費」を取り出してみると以下のようになった。1935(昭和10)年度204円71銭[58], 1936(昭和11)年度205円44銭[59], 1937(昭和12)年度280円84銭[60], 1938(昭和13)年度214円10銭[61], 1939(昭和14)年度376円22銭[62], 1940(昭和15)年度445円40銭[63], 1941(昭和16)年度416円94銭[64], 1942(昭和17)年度403円52銭[65]とな

表7-6 健康者・病弱者等区分

	健康者			病弱者			現在計		
	男	女	計	男	女	計	男	女	計
昭和10年度	6	4	10	7	6	13	13	10	23
昭和11年度	6	5	11	8	11	19	14	16	30
昭和12年度	4	5	9	7	6	13	11	11	22
昭和13年度	7	7	14	8	11	19	15	18	33
昭和14年度	5	4	9	7	8	15	12	12	24
昭和15年度	6	7	13	8	11	19	14	18	32
昭和16年度	4	5	9	9	8	17	13	13	26

出所:各年度「社会事業(養老)」から作成

り，年ごとに「医薬衛生費」は増加している。また，「看護諸費」も増加傾向にあり，1935（昭和10）年度385円15銭[66]，1936（昭和11）年度401円42銭[67]，1937（昭和12）年度530円75銭[68]，1938（昭和13）年度631円94銭[69]，1939（昭和14）年度769円90銭[70]，1940（昭和15）年度952円54銭[71]，1941（昭和16）年度936円09銭[72]，1942（昭和17）年度858円54銭[73]となっている。こうした状況について田渕はつは以下のように述べている。「病気になれば医療を施しますが自然に朽ち果つる運命は如何ともする事は出来ません，老病の看護之れが最も力の入る処で現在二十二名中に七名は離床し得ない方でそのうち四名は便器すら使用が出来ずその始末は随分苦労です。（以下略）」[74]この田渕はつの発言からわかるように，いわば寝たきりのような状態にある高齢者が生活していることが推察される。当時の医療看護体制では充分な処遇はできず，それだけ施設職員の苦労も多かったことがこの発言から推察されよう。

〈注〉

1) 『岡山県社会事業施設一覧（昭和二年版）』岡山県社会課，1927年，p. 4
2) 『岡山県社会事業施設一覧（昭和十五年版）』岡山県学務部社会課，1940年，pp. 66〜67
3) 『岡山県社会事業施設一覧（昭和二年版）』前掲書，p. 4
4) 小桜養老院の老人募集　児島郡山田村藤原保太氏経営の小桜養老院は収容定員六名であるが，現在一名を収容しをるのみにして収容余力あり，右は村内に於ける扶養者なき老衰者を収容するのみにあらずして県下一般より収容したき旨希望しをれるをもって必要の向は直接同院へ照会すれば相談に應じる由。因に同院は院主の純奉仕的意志により創立せられたるものにして入院料も食費も徴収せざるものに付安んじて孤独なる老衰者を委託することを得るものである。（『連帯時報』第八巻第一号，岡山県社会事業協会，1928年，p. 107）
5) 『岡山県社会事業施設一覧（昭和七年版）』岡山県学務部社会課，1932年，p. 7
6) 津山の社会福祉のあゆみ編集委員会編『津山の社会福祉のあゆみ』津山市社会福祉協議会，1982年，p. 16
7) 坂本忠次「高齢者事業と服部養老会」『岡山県史研究』岡山県，第7号，1984年
8) 『日本社会事業年鑑（昭和十八年版）』中央社会事業協会社会事業研究所，p. 37

9) 小川政亮『社会事業法制（第4版）』ミネルヴァ書房，1994年，p. 22
10) 「報恩積善会」に関する研究論文としては以下のものがある。拙稿「高齢者福祉発達史の一断面（Ⅲ）―大正期の報恩積善会の成立と展開を中心に―」『岡山県立大学短期大学部研究紀要』第5巻，1998年，拙稿「高齢者福祉施設報恩積善会の歴史的考察―昭和初期の高齢者福祉事業の動向を踏まえて―」『福祉研究』第88号，日本福祉大学社会福祉学会，2000年，小笠原祐次他，「養護老人ホーム・報恩積善会の創設と展開」『人間の福祉』第9号，立正大学社会福祉学部，2001年
11) 『報恩積善会養老年報　昭和六年度』（なお、養老年報には頁の記載がなく、以下の〈注〉における年報においても頁は記載していない。）
12) 『財団法人報恩積善会養老年報　昭和九年度』昭和十年一月
13) 『財団法人報恩積善会養老年報　昭和拾一年度』昭和十二年一月
14) 同上書
15) 『財団法人報恩積善会養老年報　自昭和十二年四月一日至昭和十三年三月三十一日』昭和十三年四月
16) 『財団法人報恩積善会養老年報　自昭和十三年四月一日至昭和十四年三月三十一日』昭和十四年四月
17) 『財団法人報恩積善会養老年報　自昭和十四年四月一日至昭和十五年三月三十一日』
18) 『財団法人報恩積善会養老年報　自昭和十五年四月一日至昭和十六年三月三十一日』
19) 『財団法人報恩積善会養老年報　自昭和十七年四月一日至昭和十八年三月三十一日』
20) 『財団法人報恩積善会養老年報　自昭和十八年四月一日至昭和十九年三月三十一日』
21) 『財団法人報恩積善会養老年報　昭和拾一年度』昭和十二年一月
22) 同上書，表紙
23) 『財団法人報恩積善会養老年報　自昭和十二年四月一日至昭和十三年三月三十一日』
24) 『財団法人報恩積善会養老年報　自昭和十三年四月一日至昭和十四年三月三十一日』
25) 『財団法人報恩積善会養老年報　自昭和十五年四月一日至昭和十六年三月三十一日』
26) 『財団法人報恩積善会養老年報　自昭和十六年四月一日至昭和十七年三月三十一日』
27) 『財団法人報恩積善会養老年報　自昭和十七年四月一日至昭和十八年三月三十一日』

第4節 生活者の状況 *129*

28) 『財団法人報恩積善会養老年報　自昭和十八年四月一日至昭和十九年三月三十一日』
29) 厚生省五十年史編集委員会編集『厚生省五十年史（記述篇）』財団法人厚生問題研究会, 1988 年, p. 473
30) 同上書, p. 474
31) 『財団法人報恩積善会養老年報　昭和拾年度』昭和十一年一月
32) 『財団法人報恩積善会養老年報　昭和拾一年度』昭和十二年一月
33) 『財団法人報恩積善会養老年報　昭和拾二年自四月一日至昭和拾三年三月三十一日』
34) 『昭和十四年十二月起昭和十九年三月末日至（岡山県）（岡山市）受発書綴』
35) 『昭和十五年五月起補助申請書綴』
36) 厚生省五十年史編集委員会編集, 前掲書, p. 473
37) 『日本社会事業年鑑（昭和十八年版）』中央社会事業協会社会事業研究所, p. 36 より計算
38) 『財団法人報恩積善会養老年報　自昭和十三年四月一日至昭和十四年三月三十一日』
39) 『財団法人報恩積善会養老年報　自昭和十四年四月一日至昭和十五年三月三十一日』
40) 『財団法人報恩積善会養老年報　自昭和十五年四月一日至昭和十六年三月三十一日』
41) 『財団法人報恩積善会養老年報　自昭和十六年四月一日至昭和十七年三月三十一日』
42) 『財団法人報恩積善会養老年報　自昭和十七年四月一日至昭和十八年三月三十一日』
43) 『財団法人報恩積善会養老年報　自昭和十八年四月一日至昭和十九年三月三十一日』
44) 『養老事業』第 26 号, 全国養老事業協会, 1942 年, p. 34
45) 同上書, p. 34
46) 同上書, p. 32
47) 『養老事業』第 18 号, 全国養老事業協会, 1937 年, p. 37
48) 『報恩積善会養老年報　昭和七年度』昭和八年一月
　　なお, 監事 2 名の欄は空白であった。
49) 『財団法人報恩積善会養老年報　自昭和十三年四月一日至昭和十四年三月三十一日』
50) 岡山県歴史人物事典編纂委員会編集『岡山県歴史人物事典』山陽新聞社, 1994 年, p. 819
51) 同上書, pp. 385～386

52)　同上書，p. 417
53)　『岡山市史（人物編）』岡山市役所，1968年，pp. 201〜202
54)　『自治行政録岡山編』地方人事調査会，1983年，p. 197
55)　『寒梅―「岡山実習女学校・岡山愛国実践女学校・岡山県操山高等女学校」校誌―』校誌『寒梅』刊行実行委員会，1998年，p. 81
56)　前掲書，『自治行政録岡山編』p. 197
57)　『昭和二十一年度　財団法人　福岡養老院事報』1947年，pp. 4〜5
58)　『財団法人報恩積善会養老年報　昭和拾年度』昭和十一年一月
59)　『財団法人報恩積善会養老年報　昭和拾一年度』昭和十二年一月
60)　『財団法人報恩積善会養老年報　自昭和十二年四月一日至昭和十三年三月三十一日』
61)　『財団法人報恩積善会養老年報　自昭和十三年四月一日至昭和十四年三月三十一日』
62)　『財団法人報恩積善会養老年報　自昭和十四年四月一日至昭和十五年三月三十一日』
63)　『財団法人報恩積善会養老年報　自昭和十五年四月一日至昭和十六年三月三十一日』
64)　『財団法人報恩積善会養老年報　自昭和十六年四月一日至昭和十七年三月三十一日』
65)　『財団法人報恩積善会養老年報　自昭和十七年四月一日至昭和十八年三月三十一日』
66)　『財団法人報恩積善会養老年報　昭和拾年度』昭和十一年一月
67)　『財団法人報恩積善会養老年報　昭和拾一年度』昭和十二年一月
68)　『財団法人報恩積善会養老年報　自昭和十二年四月一日至昭和十三年三月三十一日』
69)　『財団法人報恩積善会養老年報　自昭和十三年四月一日至昭和十四年三月三十一日』
70)　『財団法人報恩積善会養老年報　自昭和十四年四月一日至昭和十五年三月三十一日』
71)　『財団法人報恩積善会養老年報　自昭和十五年四月一日至昭和十六年三月三十一日』
72)　『財団法人報恩積善会養老年報　自昭和十六年四月一日至昭和十七年三月三十一日』
73)　『財団法人報恩積善会養老年報　自昭和十七年四月一日至昭和十八年三月三十一日』
74)　田渕はつ「よるべなき老者の生きる恩恵」『連帯時報』第十三巻第三号，岡山県社会事業協会，1933年，p. 50

第8章

「救護法」期の神戸養老院

◆ 第1節　はじめに ◆

　1929（昭和4）年3月23日に成立した「救護法」が，1932（昭和7）年1月1日から実施された経緯については誰もが知るところである。1927（昭和2）年3月の金融恐慌，1929（昭和4）年10月，世界恐慌の影響による糸価暴落，1930（昭和5）年には恐慌が益々深刻化した。また，1927（昭和2）年5月の第1次山東出兵，1928（昭和3）年3月には日本共産党大検挙（三・一五事件），5月済南事件，第2次，第3次山東出兵，1931（昭和6）年3月の三月事件（軍部内閣結成の陰謀），9月，柳条溝の満鉄爆破事件，満州事変の勃発等，経済不況と忍び寄る軍国化体制の中で，「救護法」を翌1930（昭和5）年から施行に移すことは不可能となった。こうした中で1930（昭和5）年2月に「救護法実施期成同盟会」が結成され精力的な社会運動を展開したことは，「救護法」施行に多大な影響を与えたといってよい。

　本章は，この「救護法」によって「神戸養老院」が「救護施設」という認可施設に法的に規定され，施設に対して「救護費」が支給されることによって，公的社会事業施設としてどのように変化したか否かについて分析する。つまり「神戸養老院」の「救護法」期の実践を政策主体，実践者，生活者との構造的関連を基盤において整理・考察する。なお，「神戸養老院」は1899（明治32）年，キリスト教信者（メソジスト派）寺島信恵（1867～1918）によって創設された施設であり，現在は養護老人ホーム「神戸老人ホーム住吉苑」特別養護老人ホーム「光明苑」（神戸市東灘区住吉本町）特別養護老人ホーム「友愛苑」（神戸

市北区有野町唐櫃）として存続している。ここでは，施設に残っている原史料を紐解きつつ，「救護法」時代の養老院について考察する。

◆ 第2節　救護法の救護費と被救護率 ◆

「棄児養育米給与ノ方ヲ定ム」「三子出生貧困ノ者ヘ養育料ヲ給与ス」（明六・三・三太布告七九），「棄児養育米被下ハ自今満十三年ヲ限リトシ及年齢定方」（明六・四・二五太布告一三八），「恤救規則」等を統合するかたちとして「救護法」は成立した。また，私人の救護施設（私設社会事業）を法体系の中に組み入れ，国，道府県，市町村の役割を明確化したのもこの法律である[1]。「救護法」は1932（昭和7）年1月1日から実施されるが，全国の民間養老事業施設は道府県に認可の届けを行っている。「神戸養老院」は1932（昭和7）年9月に「救護施設」としての認可を受けている[2]。因みに，他の施設を調べてみると，「函館慈恵院」1932（昭和7）年10月24日[3]，「小野慈善院」（石川県）1932（昭和7）年6月22日[4]，「大勧進養育院」（長野県）1932（昭和7）年5月12日[5]，「大阪養老院」1932（昭和7）年7月1日[6]，「滋賀養老院」1933（昭和8）年2月[7]，「秋田聖徳会養老院」1933（昭和8）年5月3日[8]，「札幌養老院」になると1934（昭和9）年6月21日[9] に認可を受けている。

ここで「救護法」当時の「神戸養老院」の概要を示す。

「神戸養老院

　　　第一章　総則
第一条　本院ハ神戸養老院ト称ス
第二条　本院ハ救護施設トシテ六十五才以上老衰者ノ養老扶助並ニ基督教精神
　　　　ニ基キ六十才以上ニシテ扶助者ナキモノヲ扶養スルヲ以テ目的トス
第三条　本院ハ神戸市湊区都由乃町二丁目十五番屋敷ニ置ク
　　　第二章　維持法
第四条　本院ノ維持ハ救護法ノ実施ニヨリ救護金ノ収入並ニ賛助員及篤志家ノ
　　　　寄附金品等ノ収入ヲ以テス

第五条　本院ニハ寄附原簿及ビ賛助員原簿ヲ備ヘ寄附者ノ氏名及金品ヲ記載シ保存ス又，院報ヲ以テ随時之ヲ報告ス

第六条　本院ノ資産ニ属スルモノハ役員会ニ於テ評議シ最モ確実ナル方法ニテ保存スベシ

　　　第三章　賛助員

第七条　本院ノ目的ヲ賛成シ毎月若クハ毎年一定ノ金品ヲ寄附シ其事業ヲ補翼スル者ヲ賛助員トス

第八条　賛助員タラシメントスル者ハ其ノ氏名住所及ビ定期出品金額トヲ認メ本院ニ申込ムモノトス

　　　第四章　役員

第九条　本院ニハ左ノ役員ヲ置ク

　　　院長一名　主任一名　牧師一名　評議員若干名

第十条　院長及主任並ニ牧師ハ評議員会ニ於テ選定ス評議員ハ総会ニ於テ推薦嘱托スルモノトス

第十一条　院長ハ院務ヲ総理シ本院ヲ代表ス主任ハ院長ノ事故アル時ハ其ノ職務ヲ代理ス評議員ハ評議員会ニ列シ重要ナル院務ヲ評決ス

　　　第五章　総会及評議員会

第十二条　本院ハ毎年二月総会ヲ開キ事業成績会計ニ関スル報告役員選挙及ビ必要ナル事項ヲ議決ス

第十三条　総会ノ議事ハ出席賛助員過半数ニ依リ之ヲ決ス可不同数ナル時ハ議長ノ決スル所ニ依ル

第十四条　評議員会ハ必要ノ時院長随時之ヲ召集ス

第十五条　本院々則ハ総会ノ議決ヲ経ルニアラザレバ変更スル事ヲ得ズ

　　　　　　　　　　　　　　　　　　　　　　　以上
　　　　　　　　　　　　　　　　　　　　　神戸養老院」[10]

　上記第四条に「本院ノ維持ハ救護法ノ実施ニヨリ救護金ノ収入並ニ賛助員及篤志家ノ寄附金品等ノ収入ヲ以テス」と規定されている。つまり「救護法」に

表 8-1 昭和七年度収支決算書（収入之部）

科目	収入決算	収入予算	差引増減	備考
第一款 財産収入				
第二款 救護法ニ依ル収入	一五〇九・五〇	九〇〇・〇〇	増 六〇九・五〇	
第一項 生活扶助費	一四三二・〇〇	八三〇・〇〇	増 六〇二・〇〇	
第二項 埋葬費	七七・五〇	七〇・〇〇	〃 七・五〇	
第三款 寄付金	三六七九・九三	三〇〇〇・〇〇	〃 六七九・九三	
第一項 寄付金	一五一七・八五	八〇〇・〇〇	〃 七一七・八五	
第二項 賛助金	二一六二・〇八	二二〇〇・〇〇	減 三七・九二	
第四款 補助金奨励金	九六五・〇〇	六五〇・〇〇	増 三一五・〇〇	
第一項 宮内省御下賜金	二〇〇・〇〇		〃 二〇〇・〇〇	
第二項 内務省奨励金	一〇〇・〇〇	二〇〇・〇〇	減 一〇〇・〇〇	
第三項 兵庫県奨励金	三〇〇・〇〇	三〇〇・〇〇		
第四項 神戸市奨励金	二五〇・〇〇	二五〇・〇〇		
第五項 県救済協会奨励金	一〇〇・〇〇	一〇〇・〇〇		
第六項 市救済協会奨励金				
第七項 市慈恵金	一五・〇〇		増 一五・〇〇	
第五款 繰越金	六一〇・三四	六一〇・三四		
第一項 繰越金	六一〇・三四	六一〇・三四		
第六款 雑収入	五八・〇〇		〃 五八・〇〇	
第一項 雑収入	五八・〇〇		〃 五八・〇〇	
計	六八二三・七七	五一六〇・〇〇	〃 一六六二・七七	

出所：『昭和拾弐年度提出書類控』

よる「救護費」「賛助金」「寄附金」を基盤としての施設運営である。表8—1には昭和7年度の収支決算書（収入の部）を示しているが,「寄附金」が1517.85円,「賛助金」2162.08円,「救護法ニ依ル収入」1509.50円となっており，これら3項目によって収入全体の7割を超えていることがわかる。「救護費」はその後1933（昭和8）年度1665.25円[11]，1934（昭和9）年度1695.35円[12]，1935（昭和10）年度1009.90円[13]と一定の財源を形成していたが，1936（昭和11）年度810.50円[14]，1937（昭和12）年度655.00円[15]，1938（昭和13）年度636.25円[16]，1939（昭和14）年度744.25円[17]へと激減している。

そのひとつの要因は「救護法」の該当者が減少したこと，逆に非該当者が増加したことによると考えられる。原史料の「被救護者取扱状況」を調べてみると，「法該当者」は1933（昭和8）年が22名で最も多く[18]，以後1934（昭和9）年度13名[19]，1935（昭和10）年度9名[20]，1936（昭和11）年度7名[21]，1937（昭和12）年度7名[22]，1938（昭和13）年度6名[23]，1939（昭和14）年度6名[24]へと減少している。逆に，1935（昭和10）年度から「然ラザル者」が「法該当者」を上回り，1935（昭和10）年度10名[25]，1936（昭和11）年度8名[26]，1937（昭和12）年度8名[27]，1938（昭和13）年度10名[28]，1939（昭和14）年度9名[29]，1940（昭和15）年度10名[30]と微量ながら増加している。

小笠原祐次は全国の施設を調査する中で「道府県によって適用に相当の幅のあったこと」を指摘しているが[31]，1935（昭和10）年の「被救護率」をみても，「秋田聖徳会養老院」59.1％，「京都養老院」88.3％，「別府養老院」76.0％，「佐世保養老院」100.0％，「東京養老院」55.1％，「浴風園」19.3％，「聖ヒルダ養老院」8.3％，「東京老人ホーム」21.7％[32]となっており，施設によってその比率は著しいひらきがみられた。「神戸養老院」の「被救護率」は1932（昭和7）年度62.5％，1933（昭和8）年度75.9％，1934（昭和9）年度61.9％，1935（昭和10）年度47.4％，1936（昭和11）年度46.7％，1937（昭和12）年度46.7％，1938（昭和13）年度37.5％，1939（昭和14）年度40.0％，1940（昭和15）年度41.2％となり，昭和10年代から「被救護率」が低下している。こうした現象が必然的に「救護費」の削減に繋がっており，財源上は「賛助金」「寄附金」その他の収入等に頼らざるを得なくなってきた。1932（昭和7）年7月に開催された全国養老事業協会の「第二回全国養老事業大会」においても，「救護法」によって救護を受ける者の少ない実態が報告されている[33]。

◆ 第 3 節　賛助金・寄附金 ◆

1. 賛助金・寄附金の動向

　「神戸養老院」は法律上は「救護施設」としての社会的位置づけは得たものの，依然として「賛助金」の占める位置は大きかったといえよう。「神戸養老院」の創設者である寺島信恵は 1899（明治 32）年に「友愛養老院」を開設するが，この段階で「友愛会」という支援組織を作っている。その後，1903（明治 36）年 3 月「神戸養老院」と改名し事業の拡張を図るが，寺島の構想の中には，賛助者の支援によって事業展開を進めていくという博愛的慈恵思想があった。

　1905（明治 38）年 6 月 21 日に福音印刷合資会社神戸支店において印刷され，同年 6 月 24 日に発行された小冊子『神戸養老院』があるが，これは養老事業の社会化と同時に施設の組織化，地域化を意図したものであった。この小冊子は年次報告書の機能も果たしており，「明治三七年自一月至十二月神戸養老院経費収支決算表」が記載されている。これをみると，「収入の部」「金弐百七拾弐円拾八銭九厘」とあるが「内譯」は「月約賛助金」「一八二円二一五」「臨時寄附金」「八九円九七四」のみであり[34]，施設開設当初は「賛助金」「寄附金」によって財源は成り立っていた。上記小冊子には十一頁におよぶ明治 37 年の「賛助員姓名表」「臨時特別寄附者姓名表」「物品寄附者名簿」がくまなく記載されており，地域支援者への賛同を期待していたことが理解できる。小冊子には「本院の評議員並役員」[35]が記され，組織化された支援体制は寺島の初期からの構想であった。その後年次報告書は『神戸養老院報』として発行されているが，例えば 1924（大正 13）年 1 月に発行された『院報』第十六号では 4 頁中 3 頁は「篤志家御芳名」「金員寄附者芳名」「物品寄附者名簿」「賛助員芳名」に充てられている[36]。「賛助員芳名」には北野町山本通方面，中山手通，下山手通，北長狭通，加納町，布引町，生田町，二宮町，琴緒通，旭通，熊内，葺合，籠池通，野崎通，上筒井通，阪口通，宮本通，熊内橋通，旗塚通，国香

通，元町，栄町，海岸通，元居留地，三宮町，葺合方面，平野方面，楠町，多聞通，仲町，相生町，荒田町，石井夢野方面，兵庫方面，西代，板宿，須磨方面，塩屋，垂水，明石，姫路，西灘村，六甲村，西郷町，御影町，住吉村，魚崎以東尼崎方面，大阪市住吉村方面，堺市浜寺方面，淡路，洲本町，高知市，備前香登町と区分され，賛助員名が記載されており，神戸市を中心に，兵庫県，他府県へと広がりをみせている。

表8-2には「救護法」制定前後からの各年度収支決算書における総収入，賛助金，寄附金等を示しているが，「救護法」が制定された1929（昭和4）年頃から「賛助金」が減少していることがわかる。また，「寄附金」も昭和2年度から昭和5年度まで急激に減少している。1927（昭和2）年の金融恐慌，

表8-2 総収入，補助金等

	総収入	賛助金	寄附金	合 計	県奨励金	市補助金	宮内省御下賜金	内務省奨励金	救護法ニ依ル収入
大正14年度	円銭 4972.72	円銭 2490.10	円銭 1106.18	円銭 3596.28	円 970		300	助成金 200	
大正15 昭和元年度	5372.23	2401.15	2155.43	4556.58	400				
昭和2年度	4851.96	2468.30	1426.39	3894.69	400				
3年度	4977.63	2448.97	1378.94	3827.91	450				
4年度	5215.89	2467.50	865.53	3333.03	300		100	100	
5年度	5294.55	2417.35	670.74	3088.09	300	100	200	100	
7年度	6822.77	2162.08	1517.85	3679.93	300	100	200	100	1509.50
8年度	7163.86	1863.90	1835.71	3699.61	250	100	300	100	1665.25
9年度	7884.44	1653.55	2659.95	4313.50	350	100	300	400	1695.35
10年度	6364.98	1662.55	1754.93	3417.48	300	100	300	400	1009.90
11年度	5532.18	1567.89	869.48	2437.37	300	100	300	400	810.50
12年度	5938.34	1795.20	1265.22	3060.42	300	100	300	400	655.00
13年度	5334.15	1584.60	1326.20	2910.80	240	100	100	厚生省奨励金 550	636.25
14年度	6905.46	1547.30	1758.80	3306.10	200	100	300	厚生省奨励金 730	744.25
15年度	6629.52	1467.15	1261.90	2729.05	200	100	100	厚生省奨励金 730	1300.25

出所：各年度提出書類控から作成

1929（昭和4）年の世界恐慌，その影響による糸価暴落，1930（昭和5）年金解禁による昭和恐慌により，社会情勢が深刻化した時代でもあった。また，この時代の農業恐慌により身売りなどの社会問題も発生した。こうした時代の社会的実情もあり，「賛助金」「寄附金」は減少したとも推察されるが，表8―2からもわかるように「市補助金」「宮内省御下賜金」「内務省奨励金」あるいは表8―1の「県救済協会奨励金」「市慈恵金」等の補助金が収入に加算されてきたことも影響している点と考えられる。原史料では「宮内省御下賜金」が大正10年から，「内務省奨励金」が明治44年から，「県奨励金」が大正元年から「県救済協会奨励金」が大正11年から，「市補助金」が昭和5年から交付されたという記録が残っているが[37]，補助金においても「救護法」の成立とともに「県奨励金」は450円から300円に減少し，「救護法」の施行期には250円となっている。

　先にも述べたように，小笠原祐次は「救護法の実施は，その適用によって経営的安定が実現できるとの期待とは反対に，適用は十分に行われず，さらには寄附や助成金などの減少によってかえって経営を困難にした」[38]と分析していたが，「神戸養老院」においても「救護法」施行後の1933（昭和8）年から「賛助金」が千円代に低下し，表8―2からもわかるように，1935（昭和10）年度から「賛助金」「寄附金」の合計が急激に減少した。この内実には「賛助会員数」の減少がある。原資料から会員数を抽出してみると，1926（昭和元）年1,100名[39]，1927（昭和2）年1,200名[40]，1929（昭和4）年1,200名[41]，1931（昭和6）年1,200名[42]，1937（昭和12）年700名[43]，1938（昭和13）年670名[44]，1939（昭和14）年650名[45]，1940（昭和15）年630名[46]となる。「賛助会員数」の減少の原因は多面的側面からの分析が必要であり，原資料の不足から分析の難しさはあるが，1932（昭和7）年度からの「救護費」の支給，「救護施設」としての法的，社会的位置づけ，その後の「社会事業法」による国庫補助金の増加等が考えられる。

2．県・市等への提出史料

　表8—2に示すように「総収入」は1935（昭和10）年度以降減り続けており，「神戸養老院」では兵庫県に以下のような「御願」を提出し「賛助員並ニ寄附金」の募集を展開していった。

　　　「御　　願
神戸養老院ハ明治三十二年創立以来本院々則第二条ノ目的ヲ達スルタメ賛助員ノ会費並ニ篤志家ノ寄附金ニテ維持シ来リシモ，昨今不景気ノタメ賛助員ノ会費並ニ寄附金減少シ事業経営上大ニ困難ヲ致ス傾向此レ有リ候ニ付此際御許可ヲ頂キ賛助員並ニ寄附金ヲ募集シ以テ不幸ナル老人等ヲシテ老後ヲ安ラカニ過サセ度存ジ候ニ付何卒特別ノ御詮議ヲ以テ御許可ナシ下サレ度此段及御願候也
昭和六年三月二十六日

　　　　　　　　　　　　　　神戸市都由之町二丁目十五
　　　　　　　　　　神戸養老院院長　　西村　祐辨
　　　　　　　　　　　　〃　主任　　渡辺　鶴代

兵庫県知事　岡　正雄殿」[47]

　「兵庫県保指令第四一八号
　　　　　　　　　　　　神戸市都由乃町二丁目一五番屋敷
　　　　　　　　　　　　神戸養老院長　　西村　祐辨
昭和六年二月四日附願扶養義務者ナキ老齢者救護……ノ為寄附金募集ノ件左ノ通許可ス
但シ募集ニ従事セムトスルトキハ予メ其日時及募集従事者ノ住所氏名ヲ募集地警察官署ニ，募集ヲ中止シ終了シ若ハ期間満了シタルトキハ所轄警察官署ヲ経由シ収支計算書ヲ添ヘ当庁ニ届出ツヘシ
昭和六年四月二日

　　　　　　　　　　　　　　兵庫県知事　　岡　正雄

　一，募集区域　　　県下一円
　一，募集予定額　　　一千円

第8章 「救護法」期の神戸養老院

一、募集期間　　　自昭和六年四月二日
　　　　　　　　　至昭和七年四月一日　　満一ヶ月間　　　」[48]

また，下記のような「申請書」「下付願」を申請し，経費節減の苦心をしている。

「聴取料金免除申請書

　　　　　　　　　　　　神戸市湊区都由乃町二丁目一五
　　　　　　　　　　　　　　　　　　神戸養老院

本院ハ明治三十二年一月其ノ筋ノ認可ヲ得養老扶助貧困者救助ノ目的ヲ以テ創立セシモノニシテ現今養老事業トシテハ神戸市ニ於ケル唯一ノ民間社会事業ナリ昭和七年一月一日ヨリ救護法実施ニヨリ先般救護施設認可申請書ヲ提出シ目下申請中ナリ創立以来既ニ三十余年ヲ経過シ其ノ間宮内省御下賜金内務省奨励金ヲ度々拝受シ県市ノ補助奨励金及ビ篤志家ノ寄附金品ニヨリ多クノ不幸ナル老衰者並ニ貧困者老人及ビ盲人ニシテ扶助者ナキ老人等ヲ収容扶助シ来レリ現今モ二十数名ノ老人ヲ収容セリ其ノ内ニハ盲人モアリ以上ノ如キ実情ナルヲ以テ何卒特別ノ御詮議ヲ以テ聴取料金免除相成度此ノ段申請候也

　　　　　　　　　　　　　右代表
　　　　　　　　　　　院長　　西村　祐辨
　　　　　　　　　　　主任　　渡辺　鶴代

昭和七年二月　　　日
　　　　大阪放送局　　御中」[49]

　　「神戸市電無料乗車券下附願

神戸養老院ハ明治三十二年ニ創設セラレシモノニシテ爾来三十六年間不幸ナル老人ノ救護ニ務メ来レリ其間県市当局ノ御補助ニ依リ今日アルヲ得経営者一同大ニ感謝致居候就テハ今度交通費膨大ヲ極メ経営困難ニ陥リ誠ニ困却致居候間何卒神戸市電無料乗車券御下附相成度此願上候
昭和九年三月二十八日

神戸養老院

院長　西村　祐辨」[50]

　しかし，1936（昭和11）年度には「寄附金」が869円48銭と大幅に減少し，先に示した「被救護率」の低下とともに「救護費」の減少により，一層財源を圧迫していった。表8−2に示す1938（昭和13）年度からの「厚生省奨励金」は1938（昭和13）年4月1日公布（法律第57号），7月1日に施行された「社会事業法」によるものであり，まさに臨戦体制へと突き進む象徴的法律であった。1938（昭和13）年には「国家総動員法」が公布され，翌年には軍事教練を強化，日米通商条約破棄，日英会議決裂，第二次世界大戦へと突入する時代であった。

◆第4節　実践者について◆

　先に示した「聴取料金免除申請書」に「院長西村祐辨」「主任渡辺鶴代」と記載されている。西村祐辨は二代目院長吉川亀の死去により，1929（昭和4）年1月23日付で院長となった[51]。院長になった時は64歳であった[52]。西村は慶応元年11月11日生れ，明治19年大津英語学校に入学，明治26年関西学院英語神学部入学，明治29年卒業，明治29年山口県山口町でキリスト教伝道に従事，山口町の鴻城中学校英語科教授，明治33年関西学院英語教授，同年佐賀県唐津中学校教諭，明治38年12月より神戸市中村内外交渉事務所に入り，明治42年「神戸養老院」評議員となっている[53]。渡辺鶴代は明治16年1月30日岡山県都窪郡早島町生れ[54]，明治38年3月神戸女学院普通科卒業，明治38年9月より岡山市にてウエンライトとともに社会教化事業に従事，明治44年宮崎市女学生ホーム舎監，大正7年9月14日「神戸養老院」主任として就任している[55]。

　創設者である寺島信恵が1918（大正7）年5月19日，51歳の若さで死去した。葬儀は「神戸栄光教会」で賀川豊彦の司式で行われた[56]。渡辺の父，溝手文太郎が同志社別科神学科に学び，「神戸教会」伝道師，後に副牧師を務め

ていた経緯もあり，文太郎は娘の鶴代，春枝，愛の3人を「神戸女学院」に入学させている。渡辺鶴代は寺島信恵の娘，寺島君枝とともに「神戸女学院」を卒業した[57]。渡辺鶴代の人物史研究に関しては別の機会に譲るが，上記の関連からも推察されるように，神戸という地，キリスト教信者，実践者として渡辺と寺島との繋がりには深い信仰上の導きがあった。寺島の死後，吉川亀が院長となり，渡辺が主任として実質的な運営にあたっている。1918（大正7）年9月渡辺の息子鍛とともに「神戸養老院」での住み込み生活を開始し，翌1919（大正8）年1月には長女松代を生んでいる[58]。夫は結核を発病し，郷里の福島県相馬郡日立木村の実家で療養中であった。

「救護法」下の時代に論点を移すが，原資料『自昭和十一年至昭和十三年五月提出書類控神戸養老院』の中に「職員其他従業員」という記録があり，「有給，男事務員一，男集金兼雑役一，男集金兼炊事一，女主任（院長事務代理）一」「無給，男院長一，女保母（扶助兼看護係）一」と記述されている。「男集金」とあるのは先に示した「賛助員並ニ寄附金」の募集を担当しており，毎年，県に担当職員の履歴書を提出し，その控も原史料として施設に保存されている。「女主任（院長事務代理）」とは寺島の後を受け継いだ渡辺鶴代を示しており，渡辺はその後，「救護法」「社会事業法」下の養老院を戦時体制の中で運営していった。渡辺は1945（昭和20）年3月17日の神戸大空襲の後，病に倒れ，1946（昭和21）年6月1日には長男鍛の妻である敏子が主任に就任した。まさに渡辺鶴代の実践は社会事業期，厚生事業期の財源的苦悩時代の活動であった。

◆ 第5節　生活者の状況 ◆

1. 都由乃町への移転

神戸市下山手通4丁目に創設された「神戸養老院」は，1920（大正9）年に神戸市都由乃町2丁目に移転した。新築の家を買っての移転であった。細川海天の記述では「家屋は一棟四軒の新築で，小高いところに建っていた。西の方

は家がなく草っ原になっていて芹なども生えていた。彼女は県社会課長の小田直蔵を下見に連れて行った。彼は「廊下で四軒を続けるといい。二十人を一緒に入れるより，各部屋に四，五人ずつ収容すれば，家庭的でいいだろう」と買入れの融資を認めた。新しい養老院は建坪七十七坪，定員二十五人。収容室は，八畳，六畳，四畳半など十三室。」[59]となっている。渡辺鶴代は子ども2人と西端の一軒分に移り住んだ。高齢者との共同生活であった。

なお，家屋は買い入れたものの土地（135坪）は借地であり，毎年の収支決算表から借地料を抽出すると以下のようになる。1927（昭和2）年421円56銭[60]，1928（昭和3）年421円56銭[61]，1929（昭和4）年421円56銭[62]，1930（昭和5）年421円56銭[63]，1931（昭和6）年420円52銭[64]，1932（昭和7）年420円[65]，1933（昭和8）年420円[66]。1938（昭和13）年度から借地料が高くなり，1940（昭和15）年度は442円80銭と上昇した[67]。臨戦体制の中，物価の高騰，物資不足，「救護費」の減少等が重なり，入所している高齢者の生活も苦しいものがあった。

2．社会事業調査表（養老）

表8—3は兵庫県に提出する「社会事業調査表（養老）」[68]から「現在計」「健康者」「病弱者」に区分された表及び「死亡」の欄を抽出し，年度ごとにまとめているが，「救護法」が施行された1932（昭和7）年には「健康者」3名，「病弱者」21名，「死亡」25名となっている。1934（昭和9）年以降は生活者数が減少し正確な分析は困難であるが，表8—4からもわかるように「精神耗弱又ハ身体虚弱ノ者」「不具癈疾ノ者」「疾病傷病ノ者」等，社会的身体的障害を持つ高齢者が生活していた。ただし，先にも示した「被救護率」は1934（昭和9）年61.9%，1935（昭和10）年47.4%，1936（昭和11）年46.7%，1937（昭和12）年46.7%，1938（昭和13）年37.5%と低下した。県に提出する「社会事業調査表（養老）」の「病弱者」に該当しない高齢者の入所が増加し，別の視点からいえば，「救護法」の対象とならない高齢者が多くなった。

表8-3 健康者・病弱者等区分

	健康者			病弱者			現在計			死亡		
	男	女	計	男	女	計	男	女	計	男	女	計
昭和4年度	4	2	6	4	7	11	8	9	17	0	9	9
5	3	3	6	3	10	13	6	13	19	4	7	11
6	0	4	4	3	18	21	3	22	25	2	13	15
7	2	1	3	0	21	21	2	22	24	6	19	25
8	3	8	11	2	16	18	5	24	29	4	25	29
9	1	5	6	2	13	15	3	18	21	5	11	16
10	0	5	5	3	11	14	3	16	19	3	10	13
11	1	7	8	2	5	7	3	12	15	3	11	14
12	1	5	6	2	7	9	3	12	15	3	11	14
13	1	4	5	1	9	10	2	13	15	1	9	10
14	1	6	7	0	8	8	1	14	15	1	5	6
15	2	6	8	1	8	9	3	14	17	0	8	8

出所:各年度提出書類控から作成

表8-4 該当種別

該当種別	合計	乳児哺育ノ母		虚弱又ハ身体精神衰耗者		疾病		不具廃疾ノ者		妊産婦		十三才以下ノ幼児		六十五才以上老衰者		
		計	疾病傷病ノ者 然ラザル者	計	疾病傷病ノ者 然ラザル者	計 傷病者		計	疾病傷病ノ者 然ラザル者	計	疾病傷病ノ者 然ラザル者	計	疾病傷病ノ者 然ラザル者	計	疾病傷病ノ者 然ラザル者	
人員	二二			四	二	一		一						一六	五	一一

出所:『昭和拾年度提出書類控』p.460

同時に,天涯孤独となった高齢者が「方面委員」によって施設に紹介されてくるというシステムが確立しつつあった。

第5節 生活者の状況   145

3．収容者調

表8－5の県に報告する「収容者調」の「収容ノ経路」は前記の点を物語っている。また、「昭和拾参年度処務要件」をみると、「六月三十日　葺合方面委員会石本幹事招介ニ依レル○○○○○老人本日入院ス」「七月十八日　林田町方面委員佐藤小十郎氏招介ニ依レル○○○○老人本日入院ス」「七月十九日　菊水橋方面委員会招介ニ依レル○○○○老人入院ス」「八月三日　菊水橋方面委員会招介ニ依レル○○○老人入院ス」「九月三十日　灘区方面委員会招介ニ依レル○○○○老人入院ス」「十月七日　菊水橋方面委員会招介ニ依レル○○○○老人入院ス」（以下略）といった記述が残っている[69]。「方面委員」と「救

表8－5　収容者調

収容年月	氏名	年令	男女別	両親又ハ家族ノ有無	収容ノ経路
昭和四年八月五日	○○	七八	女	無	方面委員
昭和五年八月三十一日	○○	七五	女	無	方面委員
昭和八年五月二十日	○○	八二	女	無	方面委員
昭和八年十一月五日	○○	六六	女	無	当院援助者ヨリ
昭和九年十一月五日	○○	七二	女	無	方面委員
昭和九年十一月六日	○○	七〇	女	無	方面委員
昭和十一年十二月十日	○○	七四	男	有	方面委員
昭和十二年八月二十一日	○○	八九	女	無	当院援助者ヨリ
昭和十三年一月十二日	○○	六六	女	無	全
昭和十三年八月十日	○○	六九	女	無	全
昭和十三年十月二十一日	○○	八二	女	無	方面委員
昭和十四年六月一日	○○	七四	女	無	当院援助者ヨリ
昭和十四年九月四日	○○	七四	女	無	当院援助者ヨリ
昭和十五年三月十日	○○	六五	女	無	当院援助者ヨリ
昭和十五年六月二十八日	○○	六五	女	有	方面委員
昭和十五年八月九日	○○	七四	女	無	方面委員
昭和十五年八月三十日	○○	七八	女	有	方面委員

出所：『昭和拾四年度提出書類控』

護法」との関連は、よく知られているように「救護法」実施に向けての方面委員の陳情活動があった。1929（昭和4）年11月の「第二回全国方面委員会議」では陳情委員を組織化し、その後の「救護法実施期成同盟会」へと繋がっていった。「救護法」施行後は、方面委員は「法的救護」と「任意的救護」を兼ねることになり、また1937（昭和12）年1月からは「方面委員令」が施行され、方面委員は地域社会において「救護法」を執行する上での中枢機関として機能していったのである。

表8—5に示した「収容者調」には年齢が記載してあるが、明らかに現代の老人ホームに比較すると年齢は低いことがわかる。1932（昭和7）年に設立された「全国養老事業協会」の「全国養老事業調査（第二回）」（昭和11年12月31日現在）においても75歳未満の「前期高齢者」が71.7％であった[70]。表8—5からも理解できるように「神戸養老院」の場合は、18名中12名が75歳未満であり、66.7％となり、幾分その比率は低い。

4．女性入所者

「救護法」時代の「神戸養老院」のひとつの特徴は入所者に女性が多い点である。「全国養老事業調査（第二回）」では男性2,357名、女性2,330名となっており男性が幾分多くなっている[71]。同調査から引用すると、兵庫県には5施設が調査対象となっているが、表8—6に示すように各施設によって収容人員の性別にはばらつきがみられる。「神戸養老院」に女性入所者が多いひとつの要因として看護婦、助産婦であった創設者、寺島信恵が同窓と神戸市下山手に1897（明治30）年「友愛派出看護婦会」をつくり、1899（明治32）年に「友愛養老院」として開設し、3名の女性高齢者を入所させた経緯も影響しているのかもしれない。ただし、1903（明治36）年「神戸養老院」と名称を変更し、評議員の決議で男性収容が決定したことも事実である。また、1905（明治38）年に発行された小冊子『神戸養老院』には評議員、役員が記載されているが、評議員10名中女性は寺島を含めて2名であった[72]。なお、役員は全員女性と

第5節 生活者の状況　147

表8-6　全国養老事業団体一覧・兵庫県

道府県	\multicolumn{4}{c}{兵庫}
名称	神戸報国義会	神戸養老院	神戸市立救護院	尼崎養老院	西宮養老院
組織	財法	会員	市立	団体	団体
職員数 有給	一五	四	四六	二	二
職員数 無給	－	二	－	一	－
収容人員 男	一五	三	八〇	三	－
収容人員 女	七	一二	五一	九	六
収容人員 計	二二	一五	一三一	一二	六
創立年月	明治二五・九	明治三二・一	大正一三・一	昭和七・二	昭和一〇・六

出所:『全国養老事業調査（第二回）』
全国養老事業協会，1938年，p.2

なっている。実質的に有給職員として運営実践にあたった寺島信恵，渡辺鶴代，渡辺敏子の実践，その実践は施設の中で高齢者とともに生活するという現代の老人ホームの措置あるいは契約方式の運営とは内実的に異なるものであった。こうした女性による養老事業実践が女性入所者を多くしているのかもしれないが，大正期に発行された年次報告書（大正13年）には「大正十二年度収容人員」として「男十七名　女十四名」との記載があり[73]，一面的に女性入所者が多いと断言することには危険性がある。ただし，「救護法」期に女性入所者が多かったことは表8—3のデータが物語っている。

◆ 第6節　おわりに ◆

池田敬正は「歴史における社会福祉」『二十一世紀の社会福祉をめざして』(2002年)74) において，社会科学における規範分析と歴史分析を社会福祉の分析に導入し，人間の福祉に貫通的理念，そして自立と連帯を共存させる社会関係への歴史的発展についての分析を強調している。池田は「この歴史や規範の分析を避けた現状分析は，社会科学を技術主義的なモラル・フィロソフィをもたない科学に堕せしめよう。」75) と警告する。

本書は現代の社会福祉学領域における研究上の空白部分となっている「歴史分析」を視点において論述した。特に，高齢者福祉領域の「歴史分析」は小笠原祐次，山本啓太郎，百瀬孝，その他の研究者による近年の研究，あるいは一番ヶ瀬康子，池田敬正，その他の研究者のこれまでの実績はあるが，施設史研究の点においては，課題あるいは原史料が山積みされている。筆者の研究視点は，池田の警告する論点を踏まえ，ミクロの施設史研究を積み上げていくことを主眼として，社会福祉学の空白部分を埋めていくことにある。

今回は上記に示した「神戸養老院」を「歴史分析」の中心に据え，特に「救護法」によって施設の実践上の内実がどのように変化していったかを政策主体，実践主体，生活者との関連の中から考察した。「神戸養老院」の内実をみればわかるように，「救護法」による「救護費」によって施設の運営が成り立つわけでもなく，実践者の苦悩が常に存在した。「救護法」自体，国による民間施設の管理あるいは統制を意図していることは条文が語ってくれる。昭和恐慌下にあって生みの苦しみの中から成立・施行した「救護法」は，慢性的不況の中で揺れ動く国家独占資本主義を保持していくための政策手法であり，同時に民間の施設に対しては国家的管理法として機能していったことは否定できないであろう。

〈注〉

1) 厚生省五十年史編集委員会編集『厚生省五十年史（記述篇）』財団法人厚生問題研究会，1988年，p. 259
2) 『養老施設社会福祉法人神戸養老院概要』
3) 『函館厚生院五十年史』函館厚生院，1950年，p. 9
4) 『概要　陽風園』社会福祉法人陽風園，1968年，p. 89
5) 『大勧進養育院事業概要』大勧進養育院，1933年，p. 40
6) 『道ひとすじ　大阪老人ホーム二代の足跡』社会福祉法人聖徳会，1982年，p. 24
7) 『経営事業要覧』大津市社会事業助成会，1934年，p. 1
8) 『社会福祉法人秋田聖徳会要覧』
9) 『昭和十年九月　事業概要』札幌養老院，1935年，p. 4
10) 『昭和七年度提出書類控』p. 335, p. 338
　　なお，頁番号は，戦後，書類整理のために付けたものであり，原資料に最初から付けられた頁番号ではない。
11) 『昭和拾弐年度提出書類控』
12) 同上書
13) 『自昭和十一年至昭和十三年五月提出書類控神戸養老院』
14) 『昭和拾弐年度提出書類控』
15) 『昭和十三年六月以降提出書類控財団法人神戸養老院』
16) 『昭和拾三年度提出書類控』
17) 『昭和拾四年度提出書類控』
18) 『昭和拾弐年度提出書類控』
19) 同上書
20) 同上書
21) 同上書
22) 『昭和十三年六月以降提出書類控財団法人神戸養老院』
23) 『昭和拾三年度提出書類控』
24) 『昭和拾四年度提出書類控』
25) 『昭和拾弐年度提出書類控』
26) 同上書
27) 『昭和十三年六月以降提出書類控財団法人神戸養老院』
28) 『昭和拾三年度提出書類控』
29) 『昭和拾四年度提出書類控』
30) 『昭和拾五年度提出書類控』
31) 小笠原祐次「公的救済の開始と施設の増設」『老人福祉施設協議会五十年史』全国社会福祉協議会，1984年，p. 85

32）同上書，p. 85
33）全国養老事業協会『第二回全国養老事業大会報告書』1932 年，pp. 24～27
34）『神戸養老院』神戸養老院，1905 年，p. 22
35）同上書，p. 10
36）『神戸養老院報』第十六号，神戸養老院，1924 年，p. 2～4
37）『昭和九年度提出書類控』
38）小笠原祐次，前掲書，p. 85
39）『昭和二年度提出書類控』p. 246
40）『昭和三年度提出書類控』p. 265
41）『昭和五年度提出書類控』p. 309
42）『昭和七年度提出書類控』p. 353
43）『昭和十三年度自一月至五月提出書類控』
44）『昭和拾三年度提出書類控』
45）『昭和拾四年度提出書類控』
46）『昭和拾五年度提出書類控』
47）『昭和六年度提出書類控』p. 332
48）同上書，p. 331
49）『昭和七年度提出書類控』p. 356
50）『昭和九年度提出書類控』
51）「兵庫県指令社会第四八五号」として「昭和四年一月二十三日附願院長変更ノ件認可ス」という書類が 2 月 18 日，兵庫県知事から「神戸養老院」に送られている。
52）細川海天『老人福祉に生涯を捧げた女性たち』社会福祉法人神戸老人ホーム，1991 年，p. 36
53）『昭和九年度提出書類控』に残っている西村の「履歴書」より引用。pp. 408～409
54）細川海天，前掲書，p. 25
55）『昭和九年度提出書類控』に残っている渡辺の「履歴書」より引用。p. 410
56）賀川と寺島との実践者としての関連は，倉橋克人「賀川を支える女性―寺島信恵のこと」『福音と世界』第 46 巻第 14 号，1991 年に詳しく述べられている。
57）細川海天，前掲書，p. 26
58）父，文太郎は大原孫三郎らによって設立された「倉敷教会」の初代牧師となり，後に，石井十次の実践を支援し，開拓地茶臼原に移住した。
59）細川海天，前掲書，p. 32
60）『昭和三年度提出書類控』p. 267
61）『昭和四年度提出書類控』p. 278
62）『昭和五年度提出書類控』p. 310

63)『昭和六年度提出書類控』p. 327
64)『昭和七年度提出書類控』p. 342
65)『昭和拾弐年度提出書類控』
66) 同上書
67)『昭和拾五年度提出書類控』
68) 大正期は「救済事業調査表（養老）」であった。
69)『昭和拾三年度提出書類控』
70)『昭和十三年十月　全国養老事業調査（第二回）』全国養老事業協会，1938 年，p. 12
71) 同上書，p. 12
72)『神戸養老院』神戸養老院，1905 年，pp. 10～11
73)『神戸養老院報』第十六号，神戸養老院，1924 年，p. 1
74) 池田敬正「歴史における社会福祉」『二十一世紀の社会福祉をめざして』ミネルヴァ書房，2002 年
75) 同上書，p. 56

第9章

「社会事業法」期の神戸養老院

◆ 第1節 はじめに ◆

　社会福祉の歴史を考察する上において，ひとつの時代，時期における生活者の状況，あるいは実践者の価値，思想，有り様等を無視することはできない。社会福祉の歴史的変遷の中で，国家である政策主体によって影響を受ける，弾圧を受ける，あるいは拘束を受けるという構造的関連は常に歴史上繰り返されてきた。そのひとつの象徴として，戦時体制下の施設史実践がある。

　第9章は，戦時体制の渦中に制定された「社会事業法」およびその時代の養老院について論考する。養老院の内在的実情から生活者（高齢者），実践者がどのような実態におかれていたか，あるいはどのような苦悩が存在していたのか「神戸養老院」に関してミクロの視点から分析を試みている。

　前章の要約になるが，「神戸養老院」は1899（明治32）年1月，寺島信恵（1867～1918）によって神戸市下山手通四丁目に「友愛養老院」として創設された。その後，1903（明治36）年3月に名称を「神戸養老院」と変え，現在の「神戸老人ホーム」として実践が繰り返されてきた。寺島は1918（大正7）年5月19日に51歳の若さで死亡した。葬儀は賀川豊彦の司会で神戸栄光教会で行われた。この寺島の実践を引き継ぐのが今回の考察の中に登場する渡辺鶴代（1883～1972）である。渡辺は1918（大正7）年9月に「神戸養老院」の主任として従事するが，渡辺の養老事業実践において，特に苦悩の時代であった戦時下の施設史を第9章は取り上げている。特に，「社会事業法」期における養老事業がいかなるものであったか，施設内に保存されている史料を通して整理・

分析を行った[1]。

◆ 第2節 「社会事業法」期の施設の財源 ◆

1. 「社会事業法」による国庫補助金

現在の施設内に保存されている史料である『自昭和十一年至昭和十三年五月提出書類控神戸養老院』に昭和10年代初期の施設の概況を示す文書があるので，原文のまま記す。

「神戸養老院

(一) 役員及職員種類別人員

　院長一名，牧師一名，評議員十一名（以上無給）

　主任一名，事務員一名，看護人一名，炊事一名，集金人一名（以上有給）

(二) 事業経営の状況

　（イ）　代表者，院長　西村祐辨

　（ロ）　所在地，神戸市湊区都由乃町二丁目十五

　（ハ）　目的及事業種類　本院ハ救護法施設トシテ六十五才以上ノ老衰者扶助，並ニ基督教精神ニ基キ六十才以上ノ不幸ナル老人ヲ救済扶助スルヲ目的トスル養老事業ナリ

　（ニ）　組織及設立年月日　会員ニヨリ成立セル団体ニシテ明治三十二年一月一日設立

　（ホ）　救護費ノ収入　県市奨励金補助並ニ篤志家ノ寄附金，賛助会員ノ賛助金ニテ経営ス」

上記のとおり施設の収入は，「救護法」による「救護費」，県市の「奨励金」「補助」，「寄附金」，賛助会員による「賛助金」が主要なものとなっている。1938（昭和13）年7月施行の「社会事業法」により国庫補助金が交付されることになったが，「神戸養老院」へは昭和13年度550円が支給されている[2]。その後，昭和14年度に730円[3]，昭和15年度730円[4]，昭和16年度730円[5]，昭和17年度730円[6]，昭和18年度730円[7]，昭和19年度800円[8]，の国庫補

助金が支給された。なお、国庫補助金は1909（明治42）年2月から内務省より全国の優良施設に奨励金が下付されているが、「神戸養老院」へは1911（明治44）年から下付されている。初年度は100円9)であった。

「社会事業法」により「国庫補助金の増額が行われた一方で、地方費補助金は補助対象団体数及び金額ともに大きく減少した」10)との指摘がある。「厚生省生活局保護課調」によると、1936（昭和11）年度、道府県において対象団体数3,718、金額776,682円であったが、1938（昭和13）年度には対象団体数は756、金額は419,300円に減少した。市町村においても1936（昭和11）年度、団体数3,520、金額472,088円が、1938（昭和13）年度には団体数683、金額203,140円に減少した11)。こうした傾向は「神戸養老院」にも幾許かの影響を与えており、表9-1からもわかるように、「社会事業法」施行の昭和13年度から「県奨励金」が減少している。「市補助金」は戦前は100円で統一されて

表9-1 総収入，賛助金等

	総収入	賛助金	寄附金	合計	県奨励金	市補助金	宮内省御下賜金	内務省奨励金	救護法ニ依ル収入
昭和7年度	6822.77	2162.08	1517.85	3679.93	300	100	200	100	1509.50
昭和8年度	7163.86	1863.90	1835.71	3699.61	250	100	300	100	1665.25
昭和9年度	7884.44	1653.55	2659.95	4313.50	350	100	300	400	1695.35
昭和10年度	6364.98	1662.55	1754.93	3417.48	300	100	300	400	1009.90
昭和11年度	5532.18	1567.89	869.48	2437.37	300	100	300	400	810.50
昭和12年度	5938.34	1795.20	1265.22	3060.42	300	100	300	400	655.00
昭和13年度	5334.15	1584.60	1326.20	2910.80	240	100		厚生省奨励金550	636.25
昭和14年度	6905.46	1547.30	1758.80	3306.10	200	100	300	730	744.25
昭和15年度	6629.52	1467.15	1261.90	2729.05	200	100		730	1300.25
昭和16年度	6414.80	1241.60	1194.32	2435.92	200	100		730	1302.55
昭和17年度	6462.29	1192.35	957.45	2149.80	200	100		730	1637.00
昭和18年度	6856.45	1538.95	612.00	2150.95	200	100		730	2089.60
昭和19年度	5903.12	1737.00	623.00	2360.00		100	100	800	468.40

出所：各年度提出書類控から作成（注記：財産収入，繰越金，雑収入はこの表には記載していない）

第2節 「社会事業法」期の施設の財源

表9-2 昭和十六年度収支決算書

収入之部		収入決算	収入予算	差引増減	備考
科目					
第一款	財産収入	五二二円〇二	五〇〇円〇〇	二二二〇二	
第一項	積立金利子	五二二〇二	五〇〇〇〇	二二二〇二	
第二款	事業収入	一三〇二五五	一五〇〇〇	△二〇四七 四五	
第一項	生活扶助費	二二四〇五五	八〇〇〇〇	△五九二 四五	
第二項	埋葬費	六二二〇〇	五〇〇〇〇	二二二〇〇	
第三款	寄附賛金	二四五三二二	三三四〇〇〇	△八〇四〇八	
第一項	寄附金	二二九四三二	二七四〇〇〇	△五四五八 六八	
第二項	賛助金	二二四一六	六五〇〇〇	△五三五八四〇	
第四款	補助奨励金	二三八五〇〇	七〇〇〇〇	六五〇〇〇	
第一項	宮内省御下賜金	一〇〇〇〇	―	一〇〇〇〇	
第二項	厚生省奨励金	七三〇〇〇	―	七三〇〇〇	
第三項	兵庫県奨励金	二二〇〇〇	二二八〇〇	△八〇〇	
第四項	県救済協会奨励金	一〇〇〇〇	一五〇〇〇	△五〇〇〇	
第五項	神戸市補助金	一〇〇〇〇	一〇〇〇〇	―	
第六項	市救済協会奨励金	一五〇〇〇	一五〇〇〇	五〇〇	
第七項	市慈恵金	―	二二〇〇〇	△二二〇〇〇	
第五款	繰越金	七五〇二二二	七〇〇〇〇	五〇二二二	
第一項	繰越金	七五〇二二二	七〇〇〇〇	五〇二二二	
第六款	雑収入	二〇二〇	一〇一〇	一〇一〇	
第一項	雑収入	二〇二〇	一〇一〇	一〇一〇	
計		六四二四八〇	七〇〇〇〇〇	△五八五二〇	

支出之部		支出決算	支出予算	差引増減	備考
科目					
第一款	事務費	七三四〇八二	九五〇〇〇円	△二二五九〇〇	
第一項	諸給	五九〇〇〇	六五〇〇〇	△六〇〇〇	
第二款	需用費	一四四八二	三〇〇〇〇	△五五一八	
第三款	財産費	一一五〇〇	二二〇〇	△五五〇〇	
第一項	財産費	一一五〇〇	二二〇〇	△五五〇〇	
第三款	事業費	三八一七三七	五八〇〇〇	△一五二二六三	
第一項	諸給	八七四四四	一〇八〇	△二〇五二 六三	
第二項	需用費	三三二一	二二〇〇	△八四一	
第三項	給与費	一九五九四八二	三三三〇〇	△八四二二 五二	
第四項	医療費	一九二〇三	二二〇〇	四〇三	
第五項	臨時費	二二二 五〇〇	一〇〇〇	△七四〇 五〇	
第六項	埋葬費	二二四 六三	二〇〇	二四 六三	
第七項	雑費	九六 四五	一五〇	△五三 五五	
第四款	営繕費	六四八四八〇	二二〇〇	△二二五三五〇	
第一項	営繕費	六四八四八〇	二二〇〇	△二二五三五〇	
第五款	基本金造成	六二二〇二	―	六二二〇二	
第一項	基本金	六二二〇二	―	六二二〇二	
第六款	借地科	四二二八二	四〇〇	二二〇	
第一項	借地科	四四二八二	四〇〇	七七〇	
第七款	予備費	―	―	―	
第一項	予備費	―	―	―	
第八款	繰越金	七〇九三二二	―	七〇九三二二	
第一項	繰越金	七〇九三二二	―	七〇九三二二	
計		六四二四八〇	七〇〇〇〇〇	△五八五二〇	

出所:『昭和十六年度提出書類控』

いた。(なお、表9－1は寄附金・賛助金と公的補助金・奨励金のみを拾い上げているため、総収入との金額は一致しないことを述べておく。)

表9－2には「昭和十六年度収支決算書」を示しているが、「救護法」の「救護費」である「事業収入」、「寄附金」「賛助金」「補助金」「奨励金」が「社会事業法」期の「神戸養老院」の主要財源であったことになる。この点は表9－1からも理解できるように、特に「賛助金」「寄附金」が「総収入」の内で高い比率を示している。なお、「社会事業法」による国庫補助金に該当する「厚生省奨励金」によって施設が財源上安定したとはいえない状況にあった。例えば、表9－1からもわかるように、「厚生省奨励金」の「総収入」に占める比率は、昭和13年度10.3%、昭和14年度10.6%、昭和15年度11.0%、昭和16年度11.4%であり、「内務省奨励金」時代の昭和10年度6.3%、昭和11年度7.2%、昭和12年度6.7%より微量な上昇に止まっていたのである。

2．賛助会員・賛助金

前記に引用した施設の概況の「(二) 組織及設立年月日」には「神戸養老院」を「会員ニヨリ成立セル団体ニシテ」と記載されている。創設者の寺島信恵は1905（明治38）年6月24日に発行した小冊子『神戸養老院』の「神戸養老院設立の趣旨」の中で、「我養老事業は孤児よりも一層惨憺たる生涯を経過し来つて而も前途一點の光明なき悲哀の極に陥りたる孤老の為めに厚き同情を表する事業なれば茲に聊か旨意の存する処を発表して社会の良心に懇ふ義侠なる江湖の志士仁人幸に同情賛助を惜み玉ふ勿れ　明治三十六年六月」[12]と記し文章を終えている。同小冊子には「明治三十七年自一月至十二月神戸養老院経費収支決算表」も記載されてあるが、「収入之部」は「月約賛助金　一八二円二一五」「臨時寄付金　八九円九七四」[13]のみであり、設立当初から賛助会員によって施設は支えられていた。ただし、表9－1からも理解できるように、「賛助金」は「社会事業法」が施行された昭和13年度から減少傾向にあった。賛助会員数を原資料から抜き出してみてもわかるように、1927（昭和2）年度

1,200名[14], 1931 (昭和6) 年度1,200名[15], 1937 (昭和12) 年度700名[16], 1938 (昭和13) 年度670名[17], 1939 (昭和14) 年度650名[18], 1940 (昭和15) 年度630名[19], 1941 (昭和16) 年度620名[20], 1942 (昭和17) 年度600名[21], 1943 (昭和18) 年度597名[22], 1944 (昭和19) 年度450名[23], 1945 (昭和20) 年度100名[24] と年ごとに減少した。阪神淡路大震災等の影響もあり、年次ごとの原史料がすべて現存していないため的確な分析はできないが、賛助会員数が1931 (昭和6) 年度1,200名から1937 (昭和12) 年度700名へと大きく減少していることがわかる。これは1932 (昭和7) 年1月1日から実施された「救護法」による影響とも考えられる。「神戸養老院」は1932 (昭和7) 年9月に「救護法」による「救護施設」の認可を受けている[25]。表9—1の「救護法ニ依ル収入」に昭和7年度「1509.50」とある。その翌年から「賛助金」が減少しているように「救護法」による公的認可施設に変化したこと、また「社会事業法」による国庫補助が草の根的な支援組織の弱少化に繋がっていく要因とも考えられる。ただし、「賛助金」あるいは「賛助会員」の減少という現象をこうした昭和初期の社会事業、厚生事業の法制度によるものと狭義的視点で捉えてはならない。つまり、「社会事業法」成立の社会的国家的要因（下記に述べる戦時への国家統制）を抜きにしては当時の養老院を考察することはできないのである。

◆ 第3節　高齢者の実情 ◆

1．高齢者数

「社会事業法」が施行された1938（昭和13）年は「国家総動員法」が公布された年である。同年7月には張鼓峰で国境紛争、日ソ両軍衝突、10月には日本軍がバイアス湾に上陸し、広東、武漢、三鎮を占領した。11月に入り「東亜新秩序建設」を声明する等、軍国化侵略化が進む年であった。

木村武夫は「社会事業法」を「社会事業全般にわたっての国家統制のために、この法律は制定された」[26]と指摘しているが、「社会事業法」は国家総動

員体制下における厚生事業の管理統制立法として誕生したことは否定できない。少額な国庫補助金を施設に交付することによって国家統制に利用し，戦時戦略における民間の施設事業の管理機能として運用された。養老院は「救護法」の施行当時，その認可によって逆に経営上不安定になっていたが[27]，「社会事業法」の成立は，「救護法」施行当時と同様に，道府県，市町村の補助金も減少傾向となり，戦時体制に突入する中で，国民の生活が困窮化することにより「神戸養老院」の賛助会員も減少したと考えられる[28]。

「社会事業法」施行の翌年には軍事教練が強化され，「日本労働総同盟」は解散，日英会談決裂，9月には第2次世界大戦が始まった。戦渦が深まる中で，養老院は全国各地で苦悩の実践を強いられていくことになるが，1932（昭和7）年，東京の「浴風会」に事務所を置いた「全国養老事業協会」は，戦前3回の「全国養老事業調査」を実施し，施設の実態を明らかにすることを試みた。戦時下であり正確かつ綿密な調査とは断言できないが，「第二回調査（昭和十一年十二月）」の「収容人員」は「四,六八七人」であった。しかし，戦前最後の「第三回調査（昭和十五年六月）」の「収容人員」は「四,五八二人」に減少した。この点について『第三回全国養老事業調査表抜抄』では「収容人員四千五百八十二人ヲ昭和十一年末現在四千六百八十七人ニ比スレバ百五人ヲ減ズ即チ女ニ於テ百二十二人ヲ増スモ男ニ於テ二百二十七人ヲ減ジタルニ由ル」と説明している[29]。

「神戸養老院」のある兵庫県では表9―3に示す施設が『第三回全国養老事業調査表抜抄』の「全国養老事業団体一覧（昭和十五年六月末現在)」に記載されている。表9―3をみるかぎり「神戸養老院」は市立の施設に比較し規模は小さく，戦前は20人前後の高齢者を収容し実践を展開していった。なお，戦前の民間の養老院の入所者数は施設によって差異がみられ，上記の調査によると，近隣の府県，例えば大阪府では，「大阪養老院」165人，「堺養老院」51人，「和泉養老院」11人，岡山県では，「報恩積善会」26人，「津山報恩養老院」14人であった。「神戸養老院」と同じくキリスト教系（当時）を同調査か

ら抽出すると，東京：「聖ヒルダ養老院（日本聖公会）」9人，東京：「聖心聖マルグリツト養老院」23人，「東京老人ホーム（日本福音ルーテル教会）」27人，

表9-3 全国養老事業団体一覧・兵庫

道府県	組織	名称	経費	所在地	収容人員 男	女	計	創立年月日
兵庫	財法	神戸報国義会	五四、二八〇	神戸市湊東区荒田町四ノ五三	九	五	一四	明治二五、九、二三
兵庫	同	神戸養老院	七、〇〇〇	同 湊区都由乃町二ノ二二	一	一六	一七	同 三三、一、一
兵庫	市立	神戸市立救護院	九九、八七三	同 須磨区養老町一ノ三五	七六	四五	一二一	大正一三、四、一
兵庫	同	神戸市立灘分院	―	同 灘区倉原通四ノ二七	三七	三四	七一	昭和九、五、一
兵庫	団体	尼崎養老院	四、六六四	尼崎市久々知字下川田	六	七	一三	同 七、一、一
兵庫	同	西宮養老院	四、三三八	西宮市西波上町三田	四	八	一二	同 九、七、一

出所：『第三回全国養老事業調査表抜抄』p.9

群馬:「前橋養老院(基督教主義ニヨルモ宗派関係ナシ)」30人,茨城:「水戸市民館紫苑寮」33人,静岡:「富士育児養老院(基督教 但シ宗派ニ関係ナク)」11人,「岩手養老院」21人,島根:「愛隣社老人ホーム」21人,熊本:「島崎育児院養老部」17人,熊本:「慈愛園(一致ルーテル教会)」29人,熊本:「天使園」14人,「宮崎救護院」23人となっていた[30]。

2. 高齢者の健康状態

　太平洋戦争がはじまる1941(昭和16)年前後から「神戸養老院」の死亡者が増加する。表9-4には兵庫県に提出する「社会事業調査表(養老)」から「現在計」「健康者」「病弱者」に区分された表および「死亡」の欄を抽出し,年度ごとに示しているが,「死亡」者数は昭和16年度11人,昭和17年度13人,昭和18年度13人となっている。特に昭和18年度は「現在計」の人数を「死亡」が上回っており,施設の困窮化する実態が窺われる。施設で生活する高齢者の人数が20人程度であり,正確な分析はできないが,「現在計」と比較してみても「病弱者」の比率が徐々に高くなる傾向が窺える。「死亡」の増加がみられるということは医療費にも影響すると推察されるが,各年度の収支決算書から「医療費」を抽出してみると,昭和12年度192円2銭[31],昭和13年度160円77銭[32],昭和14年度145円51銭[33],昭和15年度219円61銭[34],昭和16年度294円3銭[35],昭和17年度381円95銭[36]となり,昭和15年度あたりから医療費が増加していったことがわかる。

　表9-4において昭和16年度から「死亡」者数が幾分増加しているが,現在の施設に保存されている当時の『日誌』から1943(昭和18)年以降の「死亡」に関する文章を拾い上げると以下のようになる。(なお,時分等間の空欄は原史料の通りである。)

　「昭和十八年二月二十二日　　○○○○老人　　時　　分　　症ニテ永眠ス

　三月九日　　　神戸市委託収容中ノ○○○老人永眠ス

第3節 高齢者の実情　*161*

表9-4　健康者・病弱者等区分

	健康者			病弱者			現在計			死亡		
	男	女	計	男	女	計	男	女	計	男	女	計
昭和10年度	0	5	5	3	11	14	3	16	19	3	10	13
昭和11年度	1	7	8	2	5	7	3	12	15	3	11	14
昭和12年度	1	5	6	2	7	9	3	12	15	3	11	14
昭和13年度	1	4	5	1	9	10	2	13	15	1	9	10
昭和14年度	1	6	7	0	8	8	1	14	15	1	5	6
昭和15年度	2	6	8	1	8	9	3	14	17	0	8	8
昭和16年度	2	4	6	3	11	14	5	15	20	4	7	11
昭和17年度	2	4	6	5	4	9	7	8	15	2	11	13
昭和18年度	0	6	6	1	4	5	1	10	11	8	5	13

出所：各年度提出書類控から作成

四月二十三日　　多紀郡村雲村役場委託収容中ノ〇〇〇老人永眠ス

五月二日　　　　武庫郡本庄村委託収容中ノ〇〇〇〇老人永眠ス

十月三日　　　　〇〇〇老人午前十時四十分萎縮腎症ニテ永眠ス

十月九日　　　　〇〇〇〇〇老人午后三時脳溢血＋萎縮腎症ニテ永眠ス

十月二十三日　　〇〇〇〇老人午后二時脚気＋萎縮腎症ニテ永眠ス

十一月六日　　　〇〇〇〇老人午后0時三十分大腸カタル症ニテ永眠ス

十一月八日　　　〇〇〇〇〇老人午后二時五十分萎縮腎症ニテ永眠ス

十一月三十日　　〇〇〇〇老人午前六時三十分老衰病＋腸加多留ニテ永眠ス

十二月二十一日　〇〇〇〇老人午后三時五十分脳溢血症ニテ永眠ス

昭和十九年二月八日　〇〇〇〇〇老人午後九時三十分脳溢血症ニテ永眠ス

三月十七日　　　〇〇〇〇老人　　時　　分脳溢血症ニテ永眠ス　〇〇〇〇老人　　時　　分脚気＋老衰症ニテ永眠ス　〇〇〇〇老人　　入院ス

三月三十一日　　〇〇〇〇老人　　時　　分　　　症ニテ永眠ス

四月一日　　　　〇〇〇〇老人　　時　　分　　　永眠ス

五月二日　　　　○○○○老人　　時　　分　　永眠ス
五月十六日　　　○○○○老人　　時　　分萎縮腎症ニテ永眠ス
六月三日　　　　○○○○○老人午后三時十分永眠ス
七月二十六日　　○○○○老人永眠ス
八月三十日　　　○○○○老人永眠ス
昭和二十年六月七日　○○○○老人死亡」[37]

　このように「永眠」の文字が毎月のように繰り返し記されている。なお，『日誌』への「永眠」に関する記入が，昭和19年あたりから不鮮明となっている。このことは，ひとつの側面からの視点であるが，戦渦による施設内部の困窮，混乱を示唆する原史料（『日誌』）の内在的事象として受けとめることができよう。

◆第4節　実践者と戦時下の様相◆

1．実践者

　表9—5には『昭和十三年度　提出書類控』の中にある「従事員調ノ件」を示している。西村祐辨は「神戸養老院」の三代目院長であり，渡辺鶴代が主任として実質的な実務をこなしていた。渡辺は創設者である寺島信恵が1918（大正7）年5月19日に死亡した後，その実践を継承した人物である。渡辺の人物史に関する研究は別の機会に譲るが，原資料である渡辺の履歴書が残っているので紹介する。

　　　　「履歴書

本籍　　　福島県相馬郡日立木村日下石字東北田五十一番地
現住所　　神戸市兵庫区都由乃町二丁目十五番屋敷

　　　　　　　　　　　　　　　　　　　　　　渡　辺　鶴　代
　　　　　　　　　　　　　　　　　　　　　明治十六年一月三十日生

　　　　学業
一，明治三十八年三月　私立神戸女学院普通科卒業

第4節 実践者と戦時下の様相

表9-5 従事員調ノ件

代表者又ハ従業員氏名	西村祐辨	渡辺鶴代	廣畑武雄	渡辺松代	田辺之助	丸尾音七
職名	院長	主任(院長事務代理)	事務員	保母	炊事集金係	雑役集金係
勤務年数	自昭和四年一月 十一年九カ月	自大正七年九月 二十二年一カ月	自昭和十三年三月 二年七カ月	自昭和十三年四月 二年六カ月	自昭和八年七月 七年三カ月	自昭和十一年十二月 三年十カ月
年齢	七六	五八	三四	三二	六四	五六
性別	男	女	男	女	男	男
報酬額 円	無	三〇	三〇	無	二五	二五
社会事業通算年数(前職ヲ含ム)	―	―	―	―	―	―

出所:『昭和十三年度提出書類控』

一, 明治三十八年九月ヨリ明治四十一年六月迄岡山市ニテ ミス, ウエンライトト共ニ社会教化事業ニ従事ス

一, 明治四十四年十二月ヨリ大正六年九月迄宮崎女学生ホームノ舎監トシテ女学生ノ誘導教化ニ専心ス

一, 大正七年九月 神戸養老院主任トシテ招聘セラレ同月十四日就任以来 年ヲ経ルコト満二十八年十ヶ月事業経営ノ任ニ当リ以テ現今ニ至ル

一, 昭和十三年六月 財団法人許可 理事ニ選バル

一, 昭和十九年三月 理事長ニ推薦サレ今日ニ至ル

右之通相違無之候也

　　　　　昭和二十二年六月三十日　　　右　　　渡　辺　鶴　代」[38]

　渡辺は寺島の娘, 寺島君枝とともに「神戸女学院」を卒業しており, 神戸という地, キリスト教信者, 実践者としての渡辺と寺島との繋がりには深い信仰上の導きがあったと考えられる[39]。渡辺は1918 (大正7) 年9月に主任として「神戸養老院」に従事し, 戦前, 戦中の混乱期を耐え養老院の灯火を消すことなく生きた実践者であった。

2. 戦時下の様相

　国家総動員体制のもとで養老院といえども国家の為, 戦争の為に邁進しなければならず, 当時の『日誌』には下記の文章が綴られている。少々長くなるが軍国化を象徴する施設の実態がみえてくるので引用する。

「昭和十八年一月一日　　紀元二千六百三年ノ元旦ヲ迎ヘ当院一同新年拝賀式ヲ厳粛ニ挙行　先ヅ宮城遥拝　御皇室ノ御安泰ヲ祈リ　護国ノ英霊ニ感謝黙禱皇軍将士ノ武運長久ヲ祈念ス　午后ヨリ打解ケ親睦会ヲ開キ楽シキ新年ヲ祝フ

　三月八日　　第　回大詔奉戴日老人一同早朝ヨリ起床護国ノ英霊ニ感謝黙禱皇軍将兵ノ武運長久　戦勝祈願ノ式ヲ厳粛ニ挙行ス

　四月八日　　第　回大詔奉戴日老人一同早朝起床　護国ノ英霊ニ感謝黙禱皇軍将兵ノ武運長久　戦勝祈願ノ式ヲ厳粛ニ挙行ス

　四月二十九日　　天長節　　皇威八紘ニ輝ク天長ノ佳節ニ当リ　当院一同真心ヨリ無窮ノ聖寿ヲ寿キ奉リ　皇室ノ弥栄ヲ祈念シ宮城遥拝　併セテ戦勝祈願ノ式ヲ厳粛ニ挙行ス

　七月十五日　　大倉山停留所下安養寺ニ於テ　決戦下厚生事業ニ関スル研究常会開催サレ渡辺主任出席ス

　八月八日　　第　回大詔奉戴日　老人一同早朝起床　宮城遥拝　護国ノ英霊ニ感謝黙禱　皇軍将士ノ武運長久　戦勝祈願ノ式ヲ厳粛ニ挙行ス

昭和十九年一月一日　戦時下紀元二千六百四年ノ元旦ヲ迎ヘ老人一同新年拝賀式ヲ厳粛ニ挙行　先ヅ宮城遥拝　御皇室ノ御安泰ヲ祈念　護国ノ英霊ニ感謝黙禱ヲ捧ゲ皇軍将士ノ武運長久ナラン事ヲ衷心ヨリ祈ル　本年元旦ハ殊ニ戦時色豊ナル心ダケナル新春ヲ祝フ

十月八日　大詔奉戴日ノ日ニ当リ一同会シ将兵ノ労苦ヲシノビ　日ノ丸弁当ヲ持チ氏神ヘ参拝ス

十一月三日　明治節ニ当リ老人有志ノ丹成ニ成ル菊花ヲ持参篠山陸軍病院ヲ慰問ス

十二月八日　大詔奉戴日ニ当リ健康者ヲツレ護国神社ヘ参拝　武運長久ヲ祈リ院費ニテ慰問袋ヲトトノエ　老人ノ寿命ヲアヤカル千人針ヲ作リ入レ将兵ニ送ル

昭和二十年一月一日　新年ヲ迎ヘ決戦下ノ日本国民トシテ老イタリトモ国家ニ御奉公セントノ意気ニモエ　一同陛下ノ萬歳ヲ高ラカニ奉唱シ大東亜戦争ノ必勝ヲ祈願シ氏神参拝ヲナス

三月二十七日　神戸地方大空襲ニヨリ罹災者多数入院救護ノ任ニ当ル

四月一日　〇〇〇〇外五名ノ罹災者収容

五月二十七日　神戸地方第二回目ノ大空襲ヲ受ケタルモ本院ニハ何等被害ナシ罹災者多数入院ス

八月　　日　ポツダム宣言ヲ受諾大東亜戦争終結」[40]

軍国主義の終結とともに，「神戸養老院」はキリスト教を基盤とした養老院へと復活する。当時の『日誌』の一部を紹介する。

「昭和二十年七月一日　牧師ヲ招キ基督教ニ依ル精神講話ヲナス

十月十五日　神戸女学院生徒ヨリ慰問ヲ受ケ一同大イニ喜ブ

十一月三日　明治節ニ当リ，牧師招聘　精神講話

十二月一日　院内ニテノ娯楽会ヲ行ヒ余興ヲ行フ

十二月二十五日　久シ振リニ平和ノ内ニ迎フルクリスマスナリ　一同各自芸ヲ出シ終日楽シク過セリ

十二月三十日　基督教ニヨル精神講話ヲ行フ」[41]

こうして本来のキリスト教主義の養老院に再建されていくが，渡辺鶴代は1945（昭和20）年3月17日の神戸大空襲の後，病のため「夫の故郷，福島県相馬郡日立木村日下石の実家へ疎開」[42]した。戦後は渡辺の長男，鍛の妻である渡辺敏子（1916～1975）が鶴代の実践を引き継ぎ，1946（昭和21）年6月1日「神戸養老院」の主任に就任したのであった。

◆第5節　おわりに◆

1938（昭和13）年に施行された「社会事業法」により，民間の社会事業施設に対する「国庫補助金の増額が行われた一方で，地方費補助金は補助対象団体数及び金額ともに減少」[43]したとの指摘は既に考察したとおりである。「神戸養老院」においては，表9-1に示すように，1938（昭和13）年度から「県奨励金」が減少した。こうした現象は1932（昭和7）年に施行された「救護法」によって，施設の経営が不安定になったように，社会的現象として重なり合う側面が存在する。全国にある全ての養老院が同様の現象へと変動したわけではないが，ひとつの事象として，小笠原祐次は「救護法の実施は，その適用によって経営的安定が実現できるとの期待とは反対に，適用は十分に行われず，さらには寄付や助成金などの減少によってかえって経営を困難にした」[44]と指摘している。「神戸養老院」の場合，賛助会員数が1931（昭和6）年度には1,200名であったが，1937（昭和12）年度には700名へと激減し，「社会事業法」以降も減少し続け，1945（昭和20）年には100名になった。表9-1に示すとおり「寄付金」も1940（昭和15）年度から下降していった。上記の現象は施設の財源上からの考察ではあるが，戦時下の中で成立した「社会事業法」は国庫補助という側面を持ちつつも国家統制の戦略立法として機能していったことは否定できないのであった。

〈注〉
1)「神戸老人ホーム」に保存されている史料は以下のものである。
〈年次報告書〉
『神戸養老院報　第十六号』大正十三年一月
〈提出書類控〉
　『大正七年七月迠　提出書類控　創立者寺嶋ノブヘ永眠後院内ニ残存セシモノ』
　『大正七年九月十四日　主任渡辺鶴代　着任以来提出書類控』
　『大正七年度　提出書類控　並ニ救済所承継（吉川亀）認可書』
　『大正八年度　提出書類控』
　『大正九年度　提出書類控　並ニ住所移転認可書　水道使用料半減認可書』
　『大正十年度　提出書類控』
　『大正十一年度　提出書類控』
　『大正十二年度　提出書類控』
　『大正十三年度　提出書類控』
　『大正十四年度　提出書類控』
　『大正十五年度　昭和元年度　提出書類控』
　『昭和二年度　提出書類控』
　『昭和三年度　提出書類控』
　『昭和四年度　提出書類控　並ニ院長変更（西村祐辨）認可書』
　『昭和五年度　提出書類控』
　『昭和六年度　提出書類控』
　『昭和七年度　提出書類控　並ニ救護施設設置認可書　ラジオ聴取無線電話私設許可書及ビ其他』
　『昭和八年度　提出書類控』
　『昭和九年度　提出書類控』
　『昭和十年度　提出書類控』
　『自昭和十一年　至昭和十三年五月　提出書類控　神戸養老院』
　『昭和十二年度　提出書類控』
　『昭和十三年度　自一月至五月　提出書類控』
　『昭和十三年六月以降　提出書類控　財団法人神戸養老院』
　『昭和十三年度　提出書類控』
　『昭和十四年度　提出書類控』
　『昭和十五年度　提出書類控』
　『昭和十六年度　提出書類控』
　『自昭和十九年四月　至昭和二十三年四月　提出書類控綴　財団法人神戸養老院』
〈地域化資料〉

168　第9章　「社会事業法」期の神戸養老院

「神戸養老院設立の趣旨」明治三十六年十二月
『神戸養老院』神戸養老院，明治三十八年六月二十四日
「神戸養老院第三回拡張趣意書」大正　年　月
「神戸養老院新築資金募集趣意書」
「神戸養老院（概状）」
〈日誌〉
『昭和十三年六月以降昭和十七年十二月迄　日誌　財団法人　神戸養老院』
『自昭和十八年一月　至昭和二十七年二月　日誌　財団法人　神戸養老院』
〈その他関係資料〉
「救護所設置ニ関スル御届」明治四十三年三月二十五日
「救護所ニ関スル規定　県令第十五号」明治四十三年三月二十五日
2)『昭和十三年度　提出書類控』
　　なお，施設に保存されている『提出書類』は後々のために書きつけておいた『控』であり，頁はないことを述べておく。
3)『昭和十四年度　提出書類控』
4)『昭和十五年度　提出書類控』
5)『昭和十六年度　提出書類控』
6) 同上書
7)『自昭和十九年四月　至昭和二十三年四月　提出書類控綴　財団法人神戸養老院』
8) 同上書
9)『昭和九年度　提出書類控』
10) 厚生省五十年史編集委員会編集『厚生省五十年史（記述篇)』財団法人厚生問題研究会，1988年，p.473
11) 同上書，p.474
12) 寺島信恵『神戸養老院』神戸養老院，明治三十八年六月二十四日，pp.1－2
13) 同上書，p.22
14)『昭和三年度　提出書類控』
15)『昭和七年度　提出書類控　並ニ救護施設設置認可書　ラジオ聴取無線電話私設許可書及ビ其他』
16)『昭和十三年度自一月至五月　提出書類控』
17)『昭和十三年六月以降　提出書類控　財団法人神戸養老院』
18)『昭和十四年度　提出書類控』
19)『昭和十五年度　提出書類控』
20)『昭和十六年度　提出書類控』
21) 同上書
22)『自昭和十九年四月　至昭和二十三年四月　提出書類控綴　財団法人神戸養老

院』
23) 同上書
24) 同上書
25) 『養老施設社会福祉法人神戸養老院概要』
26) 木村武夫『日本近代社会事業史』ミネルヴァ書房，1964年，p.133
27) 1932（昭和7）年に開催された「第二回全国養老事業大会」では以下のような報告があった。「小野慈善院　若松文蔵氏　現在百八一名を収容して居ります中救護法に依つて救護せられた者は僅か三名であります。それにも拘はらず従来県から戴いて居りました奨励金三千円が本年からは八百円に減じ一方寄附金は皆無に近いのであります」（『第二回全国養老事業大会報告書』全国養老事業協会，1932年，p.27）
28) ただし，一市に一つの養老事業施設しかなく，かつ支援組織が強固であった「別府養老院」などは「養老婦人会」の会員数は1934（昭和9）年度314名，1938（昭和13）年度325名，1941（昭和16）年度314名とほとんど変化がみられない施設もあった（「別府養老院」の原資料である年次報告書より）。
29) 『第三回全国養老事業調査表抜抄（昭和十五年六月末日現在）』p.2
30) 宗派に関しては「全国養老事業概観（昭和十三年六月三十日現在）」『全国養老事業調査（第二回）』全国養老事業協会，1938年，pp.43～100を引用した。
31) 『昭和十三年六月以降　提出書類控　財団法人神戸養老院』
32) 『昭和十三年度　提出書類控』
33) 『昭和十四年度　提出書類控』
34) 『昭和十五年度　提出書類控』
35) 『昭和十六年度　提出書類控』
36) 同上書
37) 『自昭和十八年一月　至昭和二十七年二月　日誌　財団法人　神戸養老院』
38) 『自昭和十九年四月　至昭和二十三年四月　提出書類控綴　財団法人神戸養老院』
39) 拙稿「「救護法」期の神戸養老院の実践史研究」『岡山県立大学短期大学部研究紀要』第10巻，2003年，pp.21～22
40) 『自昭和十八年一月　至昭和二十七年二月　日誌　財団法人　神戸養老院』
41) 同上書
42) 細川海天『老人福祉に生涯を捧げた女性たち』社会福祉法人神戸老人ホーム，1991年，p.46
43) 厚生省五十年史編集委員会編集，前掲書，p.473
44) 小笠原祐次「公的救済の開始と施設の増設」『老人福祉施設協議会五十年史』全国社会福祉協議会，1984年，p.85

原史料

1. 別府養老院原史料
〈年次報告書〉
　『大正十四年度　別府養老院年報』大正十五年三月三十一日
　『昭和元年度　別府養老院年報』昭和二年三月三十一日
　『昭和貳年度　別府養老院年報』昭和三年三月三十一日
　『昭和三年度　別府養老院年報』昭和四年三月末日
　『昭和四年度　別府養老院年報』昭和五年三月末日
　『昭和五年度　別府養老院年報』昭和六年三月末日
　『昭和六年度　別府養老院年報』昭和七年三月末日
　『昭和七年度　別府養老院年報』昭和八年三月末日
　『昭和八年度　別府養老院年報』昭和九年三月末日
　『昭和九年度　別府養老院年報』昭和十年五月末日
　『昭和十年度　別府養老院年報』昭和十一年六月末日
　『昭和十一年度　別府養老院年報』昭和十二年六月末日
　『昭和十二年度　別府養老院年報』
　『昭和十三年度　別府養老院年報』
　『昭和十四年度　別府養老院年報』
　『昭和十五年度　別府養老院年報』
　『昭和十六年度　別府養老院年報』
〈募金活動等作成史料〉
　「拝啓時下向暑之候」大正十五年七月一日
　「拝啓　尊堂愈御隆盛奉賀候」昭和元年十二月二十七日
　「養老院建設慈善袋」
　「我か親愛なる市民に訴ふ　別府市婦人矯風会　双葉会　愛国婦人会」
〈養老婦人会関連史料〉
　「養老婦人会事業」昭和三年十一月
　「養老婦人会総会」昭和五年六月五日
　「養老婦人会総会」昭和九年十一月
　「御案内」十一月二十日
〈式典史料〉
　「落成式」大正十五年十一月十五日
　「拝啓時下春寒料峭之候」昭和五年二月
　「拝啓　初冬の節」昭和五年十二月一日

「拝啓　時下秋冷之候」昭和十年十月五日
「別府養老院創立十周年記念式次第」十月十六日
〈敬老会史料〉
「第一回敬老会関係」大正十五年十一月十五日
「第二回敬老会関係」昭和二年十一月十三日
「第二回敬老会関係」昭和二年十一月十五日
「第三回敬老会関係」昭和三年十一月三日
「第三回敬老会関係」昭和三年十一月十日
〈慈善演芸会等関係史料〉
「慈善演芸会趣旨」大正十五年一月二十三日，二十四日
「御願　慈善大演芸会」昭和五年四月二十七日，二十八日
「慈善演芸会プログラム」四月二十七日，二十八日
〈消毒所史料〉
「別府養老院創立十周年記念事業　別府消毒所新設概要」昭和九年十月
「病敵ニ対シ　予防ト　消毒　別府消毒所概要」昭和十二年十月
〈その他〉
「別府養老院趣意書」大正十三年七月
「救護法施行に直面して」昭和六年十二月二十三日
「別府養老院事業概要」昭和八年一月
「出動将兵御家族」昭和十二年十一月二日
「時局に鑑み法衣を出動将兵に」昭和十二年十一月九日
「海軍病院慰問」昭和十二年十二月三日
「別府養老院　賛助御芳名」
〈矢野嶺雄著書，論文〉
『恩波集』昭和十二年二月三日
「一見明星」『社会事業』第一巻第三号，大分県社会事業協会，昭和十四年十二月十五日
「有料老人ホームについて」『養老事業だより』第十二号，全国養老事業協会，昭和二十九年八月一日
「老齢加算金を受領して」『老人福祉』第二十六号，全国養老事業協会，昭和三十五年八月二十日
「別府老人ホーム五十年のあゆみ」『長崎県老人福祉』長崎県社会福祉協議会老人福祉部会，昭和五十一年二月十五日

2．佐世保養老院原史料
〈年次報告書〉
『大正十四年度　院報』大正十五年四月十五日
『昭和元年度　佐世保養老院院報』昭和二年十月十日

『昭和二年度　佐世保養老院院報』昭和三年十二月三十日
『昭和三年度　佐世保養老院院報』昭和四年十月
『昭和四年度　佐世保養老院院報』昭和五年十一月
『佐世保養老院々報』昭和六年十一月二十日
『佐世保養老院々報』昭和七年十一月二十五日
『佐世保養老院々報』昭和八年九月二十日
『救護施設　佐世保養老院々報』昭和九年九月二十五日
『救護施設　佐世保養老院々報』昭和十年九月十日
『救護施設　佐世保養老院々報』昭和十一年八月二十五日
『救護施設　佐世保養老院々報』昭和十二年七月五日
『救護施設　佐世保養老院々報』昭和十三年七月二十五日
『救護施設　佐世保養老院々報』昭和十四年八月十日
『救護施設　佐世保養老院々報』昭和十五年八月十五日
『救護施設　佐世保養老院々報』昭和十六年八月十五日
〈展覧会史料〉
「佐世保養老院創立十周年　記念書画展覧会」昭和九年十月八日至十日
「高僧名士諸大家御揮毫　書画領布会趣旨」
「書画領布会趣旨」
「書画領布会申込書」
〈啓発関係史料〉
『佐世保養老院と其内容』佐世保仏教婦人救護会、昭和二年二月二十五日
〈川添諦信著書、論文〉
「養老院所感」『長崎県社会事業』第五巻第八号、長崎県社会事業協会、昭和十五年八月
「国士壮厳」『養老事業だより』第八号、全国養老事業協会、昭和二十七年十一月一日
「親切の捨てどころ」『養老事業だより』第九号、全国養老事業協会、昭和二十八年三月一日
「養老施設清風園創立三十周年を回顧して」『養老事業だより』第十四号、全国養老事業協会、昭和三十年四月二十日
「養老施設の心の処遇について」『老人福祉』第十八号、全国養老事業協会、昭和三十一年八月三十一日
「養老施設を推進するもの」『老人福祉』第二十二号、全国養老事業協会、昭和三十三年九月一日
「清風園との出会い五十年」『長崎県老人福祉』第七号、長崎県社会福祉協議会老人福祉部会、昭和五十一年二月十五日

3. 福岡養老院原史料

〈年次報告書〉

『昭和十一年度　財団法人　福岡養老院事報』昭和十二年六月二十日
『昭和十二年度　財団法人　福岡養老院事報』昭和十三年六月三十一日
『昭和十四年度　財団法人　福岡養老院事報』昭和十五年六月十日
『昭和十五年度　財団法人　福岡養老院事報』昭和十六年七月五日
『昭和十六年度　財団法人　福岡養老院事報』昭和十七年六月十五日
『昭和十七年度　財団法人　福岡養老院事報』昭和十八年六月十五日
『昭和十八年度　財団法人　福岡養老院事報』昭和十九年七月二十日
『昭和十九年度昭和二十年度　財団法人　福岡養老院事報』昭和二十一年六月五日

〈曹洞宗星華婦人会史料〉

「拝啓　菊花清朗に誇る」

〈関係史料〉

「感謝状　福岡養老院」大正十二年四月五日
「収社第四七〇号　昭和二年三月二十二日申請財団法人福岡養老院設立ノ件許可ス　内務大臣　鈴木喜三郎」昭和二年九月七日
「謹啓　東林寺先住梅田隆全大和尚」昭和二十年四月二日
「拝啓　時下益々御清祥の段奉慶賀候」昭和二十年四月二日
「養老院援助托鉢」

〈水島剱城著書, 論文〉

「仏教家諸師に望む」『共栄』第十巻第一号, 福岡県社会事業協会, 昭和十二年
「私のなかの歴史　めぐり逢いのなかで磨かれてゆく人生」『月刊福祉』昭和五十四年一月号

〈江口久太郎著書, 論文〉

「財団法人福岡養老院の概況」『養老事業だより』第五号, 全国養老事業協会, 昭和二十五年九月

4. 報恩積善会原史料

『報恩時報第一回』大正三年九月二十四日
『報恩時報第二回』大正八年五月三十一日
『報恩時報第三回』大正九年七月二十五日
『報恩時報第六回』大正十年十二月一日
『報恩時報第七回』大正十一年八月一日
『報恩積善会養老事業報告（大正十一年十二月末発表）』大正十二年四月一日
『報恩積善会養老事業報告（大正十二年十二月末表）』大正十三年四月一日
『報恩積善会養老事業報告（大正十三年十二月末日表）』大正十四年一月二十五日
『報恩積善会養老事業報告（大正十四年十二月末日表）』大正十五年一月十五日
『報恩積善会養老年報昭和六年度』

『報恩積善会養老年報昭和七年度』昭和八年一月
『財団法人報恩積善会養老年報昭和八年度』昭和九年一月
『財団法人報恩積善会養老年報昭和九年度』昭和十年一月
『財団法人報恩積善会養老年報昭和拾年度』昭和十一年一月
『財団法人報恩積善会養老年報昭和拾一年度』昭和十二年一月

『財団法人報恩積善会養老年報 { 自 昭和十二年四月一日 至 昭和十三年三月三十一日 』昭和十三年四月

『財団法人報恩積善会養老年報 { 自 昭和十三年四月一日 至 昭和十四年三月三十一日 』昭和十四年四月

『財団法人報恩積善会養老年報 { 自 昭和十四年四月一日 至 昭和十五年三月三十一日 』昭和十五年四月

『財団法人報恩積善会養老年報 { 自 昭和十五年四月一日 至 昭和十六年三月三十一日 』昭和十六年四月

『財団法人報恩積善会養老年報 { 自 昭和十六年四月一日 至 昭和十七年三月三十一日 』昭和十七年四月

『財団法人報恩積善会養老年報 { 自 昭和十七年四月一日 至 昭和十八年三月三十一日 』昭和十八年四月

『財団法人報恩積善会養老年報 { 自 昭和十八年四月一日 至 昭和十九年三月三十一日 』昭和十九年四月

『救済事業調査表(養老)大正三年末日』

『救済事業調査表（養老）大正四年末日』
『救済事業調査表（養老）大正五年十二月末日』
『救済事業調査表（養老）大正六年拾弐月末日』
『救済事業調査表（養老）大正七年拾弐月末日』
『救済事業調査表（養老）大正八年拾弐月末日』
『救済事業調査表（養老）大正九年拾弐月末日』
『救済事業調査表（養老）大正拾年拾弐月末日』
『救済事業調査表（養老）大正拾壱年拾弐月末日』
『救済事業調査表（養老）大正拾弐年拾弐月末日』
『救済事業調査表（養老）大正拾参年拾弐月末日』
『救済事業調査表（養老）大正拾四年拾弐月末日』

5．神戸養老院原史料
〈年次報告書〉
『神戸養老院報　第十六号』大正十三年一月
〈提出書類控〉
『大正七年七月迄　提出書類控　創立者寺嶋ノブヘ永眠後院内ニ残存セシモノ』
『大正七年九月十四日　主任渡辺鶴代　着任以来提出書類控』
『大正七年度　提出書類控　並ニ救済所承継（吉川亀）認可書』
『大正八年度　提出書類控』
『大正九年度　提出書類控　並ニ住所移転認可書　水道使用料半減認可書』
『大正十年度　提出書類控』
『大正十一年度　提出書類控』
『大正十二年度　提出書類控』
『大正十三年度　提出書類控』
『大正十四年度　提出書類控』
『大正十五年度　昭和元年度　提出書類控』
『昭和二年度　提出書類控』
『昭和三年度　提出書類控』
『昭和四年度　提出書類控　並ニ院長変更（西村祐辨）認可書』
『昭和五年度　提出書類控』
『昭和六年度　提出書類控』
『昭和七年度　提出書類控　並ニ救護施設設置認可書　ラジオ聴取無線電話私設許可書及ビ其他』
『昭和八年度　提出書類控』
『昭和九年度　提出書類控』
『昭和十年度　提出書類控』
『自昭和十一年　至昭和十三年五月　提出書類控　神戸養老院』

『昭和十二年度　提出書類控』
『昭和十三年度　自一月至五月　提出書類控』
『昭和十三年六月以降　提出書類控　財団法人神戸養老院』
『昭和十三年度　提出書類控』
『昭和十四年度　提出書類控』
『昭和十五年度　提出書類控』
『昭和十六年度　提出書類控』
『自昭和十九年四月　至昭和二十三年四月　提出書類控綴　財団法人神戸養老院』
〈地域化史料〉
「神戸養老院設立の趣旨」明治三十六年十二月
『神戸養老院』神戸養老院，明治三十八年六月二十四日
「神戸養老院第三回拡張趣意書」大正　年　月
「神戸養老院新築資金募集趣意書」
「神戸養老院（概状）」
〈日誌〉
「昭和十三年六月以降昭和十七年十二月迄　日誌　財団法人　神戸養老院」
「自昭和十八年一月　至昭和二十七年二月　日誌　財団法人　神戸養老院」
〈その他関係史料〉
「救護所設置ニ関スル御届」明治四十三年三月二十五日
「救護所ニ関スル規定　県令第十五号」明治四十三年三月二十五日

おわりに

　本書は戦前の養老院に関する研究であり，関心を持っている人は少ない。つまり，売れる本ではない。その意味で私の原稿を一冊の本として発刊して下さった学文社社長田中千津子氏に深く感謝申し上げる。

　養老院史研究をはじめた当初，『老人福祉施設協議会五十年史』（全国社会福祉協議会，1984年）に掲載されている幾つかの老人ホームを訪ね歩いたが，「研究のことで私どものホームに来られたのは小笠原祐次先生以来久しぶりです」「史料を見せて下さいという人はあなたが初めてです」「以前，小笠原先生が来られましたが，大学の先生が研究のために来られるのは何年ぶりだろう」「この施設に戦前の史料はもうないと思います」といった施設側の発言が多かった。施設側も歴史には関心がなく，原史料の未整理の施設もあった。また，何度も訪問し，原史料を整理していると，他の養老院の原史料や孤児院等の原史料も多数みつかった。本書では「佐世保養老院」「別府養老院」の年次報告書である復刻版のデータも利用したが，本書の中の5つの施設には今回ふれていない多数の原史料が保存されている。

　本書の「はじめに」の冒頭で「戦前期の養老院に関する研究は少ないといってよいであろう。」と述べたが，繰り返し施設を訪問し，また，日々，聞き取り調査を行うと膨大な原史料にぶつかり，研究データには事欠かないといってもよい。勿論，情報検索による分析も続けているが，歩いてみつけることがこうした研究には最も重要である。

　本書を作成（構成）するにあたって既発表の論文は以下のとおりである。第1章「救護法」期の養老事業施設の財源に関する研究，日本の地域福祉，第17巻，2003，第2章別府養老院と組織的支援母体の事業展開に関する研究，日本の地域福祉，第15巻，2002，第3章「社会事業法」成立期からの実践史研究，

おわりに

中国四国社会福祉史研究，第1号，2002，第4章福岡養老院の支援組織の形成と活動，福祉文化研究，Vol.10，2001，第5章「社会事業法」成立から戦時下の高齢者施設に関する研究，日本の地域福祉，第14巻，2000，第6章高齢者福祉施設報恩積善会の歴史的考察，福祉研究，88，2000，第七章「社会事業法」期の報恩積善会の実践史研究，中国四国社会福祉史研究，第2号，2003，第8章「救護法」期の神戸養老院の実践史研究，岡山県立大学短期大学部研究紀要，第10巻，2003，第9章「社会事業法」期の神戸養老院，社会事業史研究，第31号，2003。なお，本文において構成上の統一を図るため論文に記したⅠ，Ⅱは節に変えている。表の表記も統一を図り一部の文章は修正し，割愛したところもある。また論理上，内容の重複が妨げなかったことをお断りしておきたい。

先ほど「歩いてみつけることがこうした研究には最も重要である。」と述べた。このことは施設に何度も訪問し，施設の職員との信頼関係を築くことを意味している。私の研究室から自家用車で20分程度のところに「報恩積善会」はあり，時間が空いた時は自由に訪問している。理事長の田渕芳恵様，施設長の田渕正志様，職員の方々のご協力がなければ論文にまとめることはできなかった。ここに感謝申し上げる。

一貫して養老院史研究を行っている研究者は少ない。今後，高度情報化システム，共同研究体制を構築することによって，科学としての分析，方法において鋭敏な研究上の向上が必要と考える。筆者は，小笠原祐次先生，岡本多喜子先生をはじめ，共同研究体制も進みつつあるが，今後も多くの方々から示唆を受け研究を迅速化，高度化していかなければならないと考えている。

春の吉備路を眺める書斎にて

著者紹介

井村圭壯（いむら・けいそう）
1955年生まれ
現　在　岡山県立大学　教授
　　　　社会福祉学博士
　　　　日本地域福祉学会　理事
著　書　『社会福祉調査論序説』（学文社，2001，単著）
　　　　『養老事業施設の形成と展開に関する研究』
　　　　（西日本法規出版，2004年，単著）
　　　　『戦前期石井記念愛染園に関する研究』（西
　　　　日本法規出版，2004年，単著）
　　　　その他，多数

日本の養老院史
——「救護法」期の個別施設史を基盤に——

2005年9月20日　第一版第一刷発行

　　　　著　者　井　村　圭　壯

　　　　発行者　田　中　千　津　子

発行所　株式会社　学　文　社

〒153-0064 東京都目黒区下目黒3-6-1
　　　　電話(3715)1501代・振替00130-9-98842

（落丁・乱丁の場合は本社でお取替します）　　検印省略
（定価はカバーに表示してあります）　　印刷／中央印刷
ISBN 4-7620-1452-4
© 2005 IMURA Keiso Printed in Japan